U0457985

首都经济贸易大学·法学前沿文库

自治的界限：
劳动合同约定条款的法律规制

赵进　著

Limits of Private Autonomy：
The Legal Regulation on the Terms of Employment Contracts

中国政法大学出版社

2023·北京

图书在版编目（ＣＩＰ）数据

自治的界限：劳动合同约定条款的法律规制/赵进著. —北京：中国政法大学出版社, 2023.10

ISBN 978-7-5764-1142-3

Ⅰ. ①自⋯ Ⅱ. ①赵⋯ Ⅲ. ①劳动合同法—研究—中国 Ⅳ. ①D922.524

中国国家版本馆CIP数据核字(2023)第194069号

出 版 者　中国政法大学出版社

地　　址　北京市海淀区西土城路 25 号

邮寄地址　北京 100088 信箱 8034 分箱　邮编 100088

网　　址　http://www.cuplpress.com（网络实名：中国政法大学出版社)

电　　话　010-58908441(编辑部) 58908334(邮购部)

承　　印　北京九州迅驰传媒文化有限公司

开　　本　880mm×1230mm　1/32

印　　张　6.75

字　　数　160 千字

版　　次　2023 年 10 月第 1 版

印　　次　2023 年 10 月第 1 次印刷

定　　价　29.00 元

首都经济贸易大学·法学前沿文库

Capital University of Economics and Business Library,Frontier

主　编　张世君

文库编委　高桂林　金晓晨　焦志勇　李晓安

米新丽　沈敏荣　王雨本　谢海霞

喻　中　张世君

总　序

　　首都经济贸易大学法学学科始建于 1983 年。1993 年开始招收经济法专业硕士研究生。2006 年开始招收民商法专业硕士研究生。2011 年获得法学一级学科硕士学位授予权，目前在经济法、民商法、法学理论、国际法、宪法与行政法等二级学科招收硕士研究生。2013 年设立交叉学科法律经济学博士点，开始招收法律经济学专业的博士研究生，同时招聘法律经济学、法律社会学等方向的博士后研究人员。经过 30 年的建设，首都经济贸易大学几代法律人的薪火相传，现已经形成了相对完整的人才培养体系。

　　为了进一步推进首都经济贸易大学法学学科的建设，首都经济贸易大学法学院在中国政法大学出版社的支持下，组织了这套"法学前沿文库"，我们希望以文库的方式，每年推出几本书，持续地、集中地展示首都经济贸易大学法学团队的研究成果。

　　既然这套文库取名为"法学前沿"，那么，何为"法学前沿"？在一些法学刊物上，常常可以看到"理论前沿"之类的栏目；在一些法学院校的研究生培养方案中，一般都会包含一门叫作"前沿讲座"的课程。这样的学术现象，表达了法学界的一个共同旨趣，那就是对"法学前沿"的期待。正是在这样的期待中，我们可以发现值得探讨的问题：所以法学界一直都在苦苦期盼的"法学前沿"，到底长着一张什么样的脸孔？

首先，"法学前沿"的实质要件，是对人类文明秩序做出了新的揭示，使人看到文明秩序中尚不为人所知的奥秘。法学不同于文史哲等人文学科的地方就在于：宽泛意义上的法律乃是规矩，有规矩才有方圆，有法律才有井然有序的人类文明社会。如果不能对千差万别、纷繁复杂的人类活动进行分门别类的归类整理，人类创制的法律就难以妥帖地满足有序生活的需要。从这个意义上说，法学研究的实质就在于探寻人类文明秩序。虽然，在任何国家、任何时代，都有一些法律承担着规范人类秩序的功能，但是，已有的法律不可能时时处处回应人类对于秩序的需要。"你不能两次踏进同一条河流"，这句话告诉我们，由于人类生活的流动性、变化性，人类生活秩序总是处于不断变换的过程中，这就需要通过法学家的观察与研究，不断地揭示新的秩序形态，并提炼出这些秩序形态背后的规则——这既是人类生活和谐有序的根本保障，也是法律发展的重要支撑。因此，所谓"法学前沿"，乃是对人类生活中不断涌现的新秩序加以揭示、反映、提炼的产物。

其次，为了揭示新的人类文明秩序，就需要引入新的观察视角、新的研究方法、新的分析技术。这几个方面的"新"，可以概括为"新范式"。一种新的法学研究范式，可以视为"法学前沿"的形式要件。它的意义在于，由于找到了新的研究范式，人们可以洞察到以前被忽略了的侧面、维度，它为人们认识秩序、认识法律提供了新的通道或路径。依靠新的研究范式，甚至还可能转换人们关于法律的思维方式，并由此看到一个全新的秩序世界与法律世界。可见，法学新范式虽然不能对人类秩序给予直接的反映，但它是发现新秩序的催生剂、助产士。

再其次，一种法学理论，如果在既有的理论边界上拓展了新的研究空间，也可以称之为法学前沿。在英文中，前沿（frontier）也有边界的意义。从这个意义上说，"法学前沿"意味着在已有的法学疆域之外，向着未知的世界又走出了一步。在法学史上，这种突破边界的理论活动，常常可以扩张法学研究的范围。譬如，以人的性别为基础展开的法学研究，凸显了男女两性之间的冲突与合作关系，就拓展了法学研究的空间，造就了西方的女性主义法学；以人的种族属性、种族差异为基础而展开的种族批判法学，也为法学研究开拓了新的领地。在当代中国，要拓展法学研究的空间，也存在着多种可能性。

最后，西方法学文献的汉译、本国新近法律现象的评论、新材料及新论证的运用……诸如此类的学术劳作，倘若确实有助于揭示人类生活的新秩序、有助于创造新的研究范式、有助于拓展新的法学空间，也可宽泛地归属于法学理论的前沿。

以上几个方面，既是对"法学前沿"的讨论，也表明了本套文库的选稿标准。希望选入文库的每一部作品，都在法学知识的前沿地带做出新的开拓，哪怕是一小步。

喻 中

2013 年 6 月于首都经济贸易大学法学院

目录

参考文献

第一章
约定条款的规制的整体架构

第一节 意思自治与合同内容规制

一、意思自治受限：合同内容规制的逻辑起点

所谓规制，是指国家公权力在某些特定经济领域中，通过设置市场准入条件、价格以及商品品质标准等硬性规定，直接限制市场主体的营业自由和契约自由。[1]合同（契约）是市场主体交易的工具，合同条款成为市场主体自由意志的载体，而古老的法谚"有约必守（*Pacta sunt servanda*）"则是市场经济体制中意思自治的强有力后盾。在合同法的世界里，规制即意味着对契约自由

---

[1] Nienhaus, Politische Ökonomie der Deregulierung, Springer 1990, S. 103, 105.

（合同自由）的干预，缔约与否（如强制缔约制度）、与谁缔约、如何缔约（如书面劳动合同规则）以及缔约内容均不可完全由当事人自由决定。其中，对缔约内容（即合同条款）规制的通常方式是设立生效条件以及无效的法律后果。例如，在我国，劳动合同中的期限、工资和工时，均不可违背《中华人民共和国劳动合同法》（以下简称《劳动合同法》）和《中华人民共和国劳动法》（以下简称《劳动法》）中的相关规定，否则便因违反强行法而不生效力。

在现代市场经济国家的合同法（包括劳动合同法）中，根据交易关系中合意度的差异，对合同内容的规制模式可分为两种：其一，完全体现双方合意的合同内容，以不违反强行法和公序良俗为限，即"底线式"规制。其二，"底线+均衡"规制，即当特定交易关系中一方当事人对另一方当事人具备绝对优势时，另一方当事人的私法自治通常会受到限制。此时，交易内容不仅需符合强行法和公序良俗的底线要求，对利益和负担的分配还应符合正当分配的要求，不可过分失衡。[1]其法理基础在于，在以私法自治为基石的现代私法中，交易当事人的自我决定是保障交易内容正义的基本要求。当事人自由意志受到限制则意味着保障交易内容均衡的机制不复存在，在此基础上形成的（利益）义务（负担）及风险分配格局难免失衡。[2]由此可见，规制合同内容的实质为：限制强势一方的意思自治，从而避免因弱势一方私法自治受限而导致的不正义。[3]限制（强势主体）私法自治是形式表现，

---

[1] Vgl. BVerfG 7. 2. 1990, 1 BvR 26/84, BVerfG 89, 214, 232-234.

[2] Fastrich, Richterliche Inhaltskontrolle im Privatrecht, Verlag C. H. 2001, S. 51-55.

[3] 参见解亘："格式条款内容规制的规范体系"，载《法学研究》2013 年第 2 期。

私法自治受限才是法律规制合同内容的逻辑起点。基于此，如何判断劳动合同条款形成时的合意度，成为分析其规制模式（即生效前提）的前置问题。

二、意思自治受限的判断标准

在民法中，判断合同订立时的合意度的依据为《中华人民共和国民法典》（以下简称《民法典》）第 496 条。换言之，若系争条款符合该条"格式条款"的特征，即可推断出当事人一方的意思自治受限的事实。反之，则认定系争条款属于充分体现双方合意的个别协商条款。依《民法典》第 496 条的规定，格式条款的特征为未与对方协商、预先拟定。

1. 未与对方协商

格式条款是当事人为了重复使用而预先拟定，并在订立合同时未与对方协商的条款。按我国民法学者的主流观点，格式条款的核心特征为未经协商[1]，与个别协商条款为相对概念。因此，判断某一条款是否属于格式条款，关键取决于其是否未与对方协商。

梳理既有成果，未与对方协商是指格式条款相对人不具备影响条款内容的机会和能力。[2] 而上述机会和能力是否存在，通常又取决于相对人在订立合同中所处的地位。也即，只要相对人在订立合同过程中处于附从地位，即推定系争条款为格式条款。这类解释的逻辑起点为，在司法实践中，未与对方协商意味着对未

---

[1] 王利明："对《合同法》格式条款规定的评析"，载《政法论坛》1999 年第6 期；陈自强：《民法讲义Ⅰ契约之成立与生效》，法律出版社 2002 年版；朱岩："格式条款的基本特征"，载《法学杂志》2005 年第 6 期。

[2] 参见王利明："对《合同法》格式条款规定的评析"，载《政法论坛》1999年第6 期；谢鸿飞：《合同法学的新发展》，中国社会科学出版社 2014 年版，第 144—145 页；崔建远主编：《合同法》（第五版），法律出版社 2010 年版，第 62 页；王洪亮：《债法总论》，北京大学出版社 2016 年版，第 58 页。

发生事实的证明。将相对人的地位这一易于证明的事实作为认定标准，显然可以降低相对人的证明负担和法院的审查负担。具体到劳动法领域，劳动者的附从地位似乎是不证自明的事实，但随着劳动规制灵活化要求的提出，部分学者认为，现行法将所有劳动者均视为弱势群体，忽略了劳动者内部不同群体的差异。[1] 即便所有劳动者均具有从属性，不同劳动者群体从属性强弱程度的差异亦不可小觑。[2] 因此，并非所有的劳动者都是弱者，强弱是相对而具体的，应视具体情形而定。[3] 基于这一论点，在具体劳动关系中处于非弱势地位的劳动者与用人单位签订的条款，不应被推定为未经协商。比如由董事会依据公司法聘任的公司经理、副经理和财务负责人虽然可被视为劳动法意义上的雇员，但因其通常具有较强的个人能力，属于人力资源市场上的稀缺资源，与企业的谈判能力较强，[4] 其与公司签订的聘任合同（劳动合同）应全部视为双方充分自由协商之结果。

在实践中，除公司经理、副经理和财务负责人外，一些高级技术人员和管理人员也可凭技术和经验成为人力资源市场中的稀缺人才。接下来的疑问是：法律该如何比较这些劳动者与企业的谈判力量？法律是否应设置一定的分层标准（如招录职位的薪酬、级别等），以确定劳动者在订立合同时的弱势地位？笔者认为，在

---

〔1〕 董保华："锦上添花抑或雪中送炭——析《中华人民共和国劳动合同法（草案）》的基本定位"，载《法商研究》2006 年第 3 期；董保华：《劳动合同立法的争鸣与思考》，上海人民出版社 2011 年版，第 43—47 页；杨德敏："公司高管劳动法适用问题探究"，载《社会科学》2018 年第 9 期；叶小兰："论我国劳动者分层保护的疏失与完善"，载《江苏社会科学》2020 年第 6 期。

〔2〕 王天玉："劳动法规制灵活化的法律技术"，载《法学》2017 年第 10 期。

〔3〕 谢增毅："我国劳动关系法律调整模式的转变"，载《中国社会科学》2017 年第 2 期。

〔4〕 谢增毅："公司高管的劳动者身份判定及其法律规则"，载《法学》2016 年第 7 期。

实践中，影响劳动者议价能力的因素复杂多变，除薪酬、职位级别等外，还包括劳动者个人的身体状况、家庭状况和企业规模等。如处于孕期和哺乳期的女性高级管理人员，可能会出于对丢失岗位的担忧而不得不接受不公平条款。若法律只选取重要标准而忽略现实中复杂的情形，原本为简化证明责任而设置的制度就会失去灵活性和实际应用意义，徒增法律适用负担。因此，判断是否未经协商不能只依相对人的弱势地位，而应回归其本意：只要存在"真实而有意义的协商"，即可证明系争条款为个别协商条款，而非格式条款。当然，为平衡格式条款使用人和相对人利益，"真实而有意义的协商"由格式条款使用人证明。

在我国劳动法实务中，无论法院是否认可系争条款属于格式条款，均未审查"真实而有意义的协商"这一事实。[1] 在比较法上，德国法院对个别协商采用了较为严苛的认定标准。依德国联邦普通法院的观点，以下两种情形均不构成实质性的协商[2]：①条款拟定方将预先拟定的条款出示给相对方，并给相对方相应的考虑时间；②条款拟定方指出条款所在，简单重复条款内容，并将条款出示给对方。在此基础上，德国联邦劳动法院发展出了认定协商事实的证明标准：雇主须证明，其已为劳动者详细解释了系争条款的含义和适用范围，使其能够知晓该条款对自身权利义务的影响，并给予了对方影响条款内容的机会。[3]

2. 重复使用和预先拟定

格式条款起源于大规模交易的需要。进入社会化大生产阶段

---

[1] 厦门市中级人民法院（2014）厦民终第 375 号民事判决书；北京市第二中级人民法院（2017）京 02 民终 9853 号民事判决书。

[2] BGH 22.11.2022, VII ZR 222/12, NJW 2013, 856; BGH 19.5.2005, III ZR 437/04, NJW 2005, 2543.

[3] BAG 6.9.2007, 2 AZR 722/06, NZA 2008, 219, 210. 这一思路后来也被德国联邦普通法院借鉴，BGH 7.3.2013, VII ZR 162/12, NJW 2013, 1413.

后，伴随着消费者群体的产生，为降低单个交易的磋商成本，适用于大规模同类交易的格式条款应运而生。可以说，重复使用正是制定格式条款的重要目的。然而，将"目的"作为格式条款之必要要件不无疑问。[1] 无论是重复使用还是仅为一次使用的格式条款，皆为交涉能力不对等的情况下未经协商之产物。也即，从双方当事人力量对比角度看，两种格式条款并无本质不同。将仅为一次使用却未经协商的条款排除出格式条款的范围，实已违反"相同事物相同处理、不同事物不同处理"的基本价值理念。因此，在劳动法实践中不应将《民法典》第 496 条所规定的"重复使用"作为格式条款的必要要件。

格式条款的第二个特征为预先拟定。对《民法典》第 496 条第 2 款进行文义解释，可以发现"预先"是指系争条款内容于合同签订之前便已存在，合同签订之时即已呈现在条款相对人面前；"拟定"则通常意指"起草制定"，含已确定、不可更改之意。疑问之处在于，是否由当事人一方"起草制定"的条款才属于格式条款？据此，用人单位使用的由行业协会和主导部门制定的示范合同或由工会和企业签订的集体合同是否属于格式条款？

民法学界普遍认为，条款内容的不可协商性，是格式条款的本质特征。只要相对人对合同内容无法变更，无论是企业自己拟定还是采用他人拟定的示范合同文本，都应被界定为格式条款。[2] 但在司法实践中，以系争条款非合同当事人拟定的理由而否认其为格式条款的判决不在少数。如（2016）最高法民再 20 号判决认为：

---

[1] 王利明："对《合同法》格式条款规定的评析"，载《政法论坛》1999 年第 6 期；谢鸿飞：《合同法学的新发展》，中国社会科学出版社 2014 年版，第 144—145 页；徐涤宇："非常态缔约规则：现行法检讨与民法典回应"，载《法商研究》2019 年第 3 期。

[2] 王利明："对《合同法》格式条款规定的评析"，载《政法论坛》1999 年第 6 期；陈自强：《民法讲义 I 契约之成立与生效》，法律出版社 2002 年版，第 165 页；朱岩："格式条款的基本特征"，载《法学杂志》2005 年第 6 期。

"本案双方采用的波罗的海国际海事工会的 HEAVYCON1985 范本，而非海阳公司制作的标准合同，没有任何条款属于《中华人民共和国合同法》第三十九条所规定的格式条款。"笔者认为，将《民法典》第 496 条第 2 款解释为"当事人亲自拟定"难言正当。如前所述，格式条款制度的规范意旨在于保护相对人，既然不同的拟定方法均不会改变相对人无法影响条款内容的事实，两种拟定方法在法律（即格式条款构成要件之法律规则）中即应作相同评价。[1]当然，若条款由第三方拟定，虽然构成格式条款，但可能会因拟定内容本身的效力而自动推定为有效条款。例如因集体合同是集体协商的产物，法律推定其对双方当事人利益和风险的分配"公平合理"。若用人单位使用的是行业工会和企业签订的集体合同，则应免于审查而自动生效。上述判决实为混淆了格式条款的认定和格式条款的内容控制。

3. 证明责任

依"谁主张，谁举证"的证明责任分配规则，劳动者主张系争条款属于格式条款时，应举证证明其符合上述特征。由于劳动者处于弱势地位，其收集证据存在一定困难。有鉴于此，德国司法判例通常只要求雇员提供表面证据：雇员只需证明系争条款或协议由雇主预先打印（或发至邮箱），即可推定其为格式条款。[2]如果雇主能提出相反证据，证明其确实经过了"真实而有意义的协商"，则可推翻雇员提出的表面证据。[3]在我国劳动法实务中，某些裁判机关会以未有证据证明系争协议或条款非为完全协商一

---

〔1〕 王天凡："《民法典》第 496 条（格式条款的定义及使用人义务）评注"，载《南京大学学报（哲学·人文科学·社会科学）》2020 年第 6 期。

〔2〕 Vgl. BAG 14. 12. 2011, 5 AZR 457/10, NZA 2012, 633, Rn. 14；BAG 17. 8. 2011, 5 AZR 406/10, NZA 2011, 1335, Rn. 11.

〔3〕 BAG 6. 9. 2007, 2 AZR 722/06, NZA 2008, 219, 210.

致的结果为由，否认劳动者依据《民法典》第496—498条提出的诉求，将格式条款的证明责任分配给劳动者。[1]即便裁判机关认可系争条款属于格式条款，亦未审查"真实而有意义的协商"这一事实。[2]笔者认为，我国应根据劳动者在用人单位的职位，规定不同的证明责任。劳动者的岗位为公司经理、副经理和财务负责人的，推定其具备与用人单位进行协商的能力和机会。劳动者主张系争条款属于格式条款时，应举证证明该条款为用人单位单方拟定且自己无能力和机会影响条款内容。劳动者在用人单位担任其他职位时，只要劳动者提交打印合同或曾收到电子空白合同，即可推定系争条款为格式条款，但用人单位若有证据证明向劳动者阐述条款对其权利义务的影响、给劳动者充分考虑时间、与劳动者协商且对内容有修改，则应认可系争条款为个别协商条款。

第二节　合同底线规制：强制性规定与公序良俗

一、底线规制的正当性

所谓意思自治，又称私法自治，是指个人基于自己意思，为自身利益形成法律关系的原则。[3]合同内容作为当事人权利义务的载体，理应以当事人合意为准。包括合同自由的私法自治之所以受到推崇，是因为个人自由是社会进步的原动力。但历史证明，

---

〔1〕　参见北京市高级人民法院（2022）京民申2414号民事裁定书；河北省高级人民法院（2020）冀民申5437号民事裁定书。

〔2〕　参见厦门市中级人民法院（2014）厦民终第375号民事判决书；北京市第二中级人民法院（2017）京02民终9853号民事判决书。

〔3〕　［德］维尔纳·弗卢梅：《法律行为论》，迟颖译，法律出版社2013年版，第1页。

合同自由在促进社会进步的同时，亦会威胁社会的稳定与发展。例如，由于劳资力量不平衡，极端的合同自由会成为雇主剥削雇员的工具，甚至导致雇员身心受损，丧失人之所以为人的基本条件，从而威胁社会稳定。由此可见，意思自治虽然强调个人自由，但其证成和反思均离不开其与整体社会的关系。这主要源于政治学上的思想实验：社会由多人组成，且社会中既定的资源总量无法满足所有人的需求。"在没有一个共同权力使大家慑服的时候，人们便处在所谓的战争状态之下"，并且"这种战争是每一个人对每个人的战争"。〔1〕在此情形下，个人保卫自身的安全和财产便已耗费全部精力。因此，稳定的社会框架是个人追求利益的前提。从经济学与博弈论的角度来看，稳定的社会框架意味着某种均衡的状态，〔2〕而均衡又意味着个人部分自由的让渡。在私法体系中，人们为维护基本的社会框架所做的必要让渡即是私法自治的底线和边界，此乃法律对合同进行底线规制的正当性。

　　接下来的问题则是底线规制的可行性，即法律如何划定私法自治的底线。一种方法为通过强制性规定，明确划定特定领域中意思自治的范围。从规范目的角度，限制劳动合同自由的强制性规定可分为两类：一为防止当事人行为危害公共秩序的规定，如《中华人民共和国刑法》和《中华人民共和国治安管理处罚法》中的禁止性规定。用人单位与劳动者签订以贩卖毒品和从事性服务为内容的"劳动合同"时，即便双方完全自愿，合同内容仍会因危害社会公共秩序而无效。二则为防止劳资双方利益过分失衡的规定（如劳动基准）。此类强制性规定的目的在于保护劳动者的生

---

〔1〕　［英］霍布斯：《利维坦》，黎思复、黎廷弼译，商务印书馆1985年版，第94—95页。

〔2〕　参见谢潇："公序良俗与私法自治：原则冲突与位阶的妥当性安置"，载《法制与社会发展》2015年第6期。

存权，以免劳动者因用人单位滥用私法自治而丧失基本生存条件，进而引发社会动荡，导致更多人丧失自由。在劳动法领域，承担这一功能的首先是劳动基准规范，[1] 它由安全基准、劳动卫生基准、工资基准、工时基准和社会保险基准等构成，是保障劳动者安全与健康底线的强制性规定。如劳动合同约定的产假天数少于《女职工劳动保护特别规定》第 7 条中法定产假天数[2]时，即为违反强行法，应直接归于无效。除此之外，与"解雇保护制度"相关的规定则是为保障劳动者的就业稳定和经济安全。基于此，劳动合同中约定的解除条件必须符合《劳动合同法》第 39 条和第 41 条中的法定条件。"末位淘汰制"之所以无效，也是因为其不属于《劳动合同法》第 39 条中不胜任工作的范畴，进而违反了强行法[3]。值得注意的是，若规章制度中条款的文义内容符合法律（包括行政法规）的规定，原则上可直接认定为有效。如我国《民法典》第 1010 条规定，机关、企业、学校等单位应当采取合理的预防、受理投诉、调查处置等措施，防止和制止利用职权、从属关系等实施性骚扰。用人单位规章制度规定管理人员防治性骚扰的义务，是对《民法典》第 1010 条的具体化，为有效条款。[4]

当然，再绵密的制定法也不能覆盖司法实践中的所有情形，为弥补成文法限制私法自治的不足，公序良俗这一古老原则再次登场，成为所有法律行为效力的评价标准。这一点亦体现于我国立法和司法中：《民法典》第 153 条第 2 款规定，"违背公序良俗

　〔1〕　王全兴：《劳动法》（第四版），法律出版社 2017 年版，第 65—68 页。
　〔2〕　河南省郑州市二七区人民法院（2017）豫 0103 民初 6441 号民事判决书。
　〔3〕　中兴通讯（杭州）有限责任公司诉王鹏劳动合同纠纷案，最高人民法院指导案例 18 号。
　〔4〕　郑某诉霍尼韦尔自动化控制（中国）有限公司劳动合同纠纷案，最高人民法院指导案例 181 号。

的民事法律行为无效"，在结构上，该款与《民法典》第 153 条第
1 款规定的违反强制性规定的法律行为无效列在一个条文中。《劳
动合同法》第 26 条未将"违背公序良俗"明确列为劳动合同无效
的理由，但司法实践中运用公序良俗原则处理劳动合同纠纷的事
例并不鲜见。[1]《民法典》颁布后，《最高人民法院关于审理劳动
争议案件适用法律问题的解释（一）》更是将《民法典》作为其
依据之一，为公序良俗等民法基本原则在劳动法中的适用提供了
制定法基础。

二、公序良俗的司法适用难题

1. 公序良俗在劳动争议中的适用乱象

2001 年的"泸州遗赠案"使公序良俗的司法适用进入学界视
野。近二十年来，学界对公序良俗的司法适用多持批评态度。根据
学者最新的统计和分析，公序良俗在一般民商事领域的司法适用的
形态为：①作为道德审判的工具；②在未经论证说理的情形下，将
公序良俗原则简单作为增强判决说服力的工具；③与公平原则和
诚实信用原则混淆。[2]

从笔者掌握的案例资料来看，上述问题同样见于劳动纠纷的
司法裁判中。例如在甄某与某交通运输集团公司劳动合同纠纷案
中，因乘客询问改道问题，公交车驾驶员甄某与乘客发生语言与

---

〔1〕　笔者以"公序良俗""劳动合同"和"劳动争议"为关键词，以 2009—2022
年为时间跨度，在中国裁判文书网上搜索到包括一审、二审和再审裁判在内的相关案例
共 4689 起，其基本反映了公序良俗在劳动合同纠纷领域内的适用状况。值得注意的是，
自 2008 年《劳动合同法》首次实施以来，与公序良俗相关的案例逐年增加，如 2011
年、2012 年和 2013 年的数据分别为 1 件、2 件和 19 件。而 2020 年、2021 年和 2022 年
的数据则为 857 件、754 件和 368 件。
〔2〕　参见李岩："公序良俗原则的司法乱象与本相——兼论公序良俗原则适用的类
型化"，载《法学》2015 年第 11 期。

肢体冲突。[1] 这一事件被旁人拍摄并发到互联网上，造成恶劣影响。某交通运输集团公司解除了与甄某的劳动合同。仲裁庭在该案裁决的说理部分已意识到甄某行为可能符合过错解雇的前提条件，但未进一步从劳动合同违约角度进行裁决，而是认定甄某行为明显违反公序良俗，以此作出了支持用人单位的裁决。而在用人单位以劳动者违反性道德作为解除条件的劳动争议中，公序良俗则成为道德审判的工具。在李某某与美容诊所劳动合同纠纷案中，美容诊所以李某某在职期间与诊所另一员工有不正当男女关系为由，解除了与李某某的劳动关系。[2] 因违反性道德而被解雇属于过错解雇。根据我国劳动法"解雇保护"的理念，设置过错解雇条件这一法律行为并非完全属于用人单位自治范畴，而应符合《劳动合同法》第39条的规定。换言之，《劳动合同法》第39条即为限制设置过错解雇条件的强制性规定。法院理应审查以违反性道德作为解除理由是否符合《劳动合同法》第39条的立法目的，但一、二审法院仅以违反性道德等同于违背公序良俗为由，认定美容诊所的解除行为合法。

以上案例虽然与劳动合同约定条款无直接关联，但折射出的问题值得人们思考。例如，当用人单位将"劳动者违反公序良俗"作为解除劳动合同的前提时，该约定应如何理解？用人单位可否将遵守某种道德标准约定为劳动者的合同义务？解答这些问题，需要先分析公序良俗适用乱象的原因，进而对症下药，在厘清公序良俗内涵和适用方法的基础上，寻求解决之道。

2. 公序良俗在劳动争议中适用问题的原因分析

公序良俗的司法适用问题，既有公序良俗原则本身之因由，

---

〔1〕 参见云晓燕："企业对严重违反劳动纪律的职工可解除劳动关系"，载《中国劳动保障报》2019年8月3日，第4版。

〔2〕 参见江苏省淮安市中级人民法院（2020）苏08民终2920号民事判决书。

又与法学方法论相关。多种因素相互影响，共同造就了当今的局面。

（1）公序良俗原则本身之因由：道德如何入法？

很多裁判机关并未认识到公序良俗的"底线功能"，而是将其等同于"一般道德进入法律"的工具。对公序良俗功能的认识偏差导致了公序良俗和公平原则、诚实信用原则的混淆。公序良俗作为私法自治的底线，其中的善良风俗只是"从道德秩序中裁剪下来的、在很大程度上被烙上了法律印记的那部分"[1]最低限度的道德。从正面推行一种高标准的道德伦理并非公序良俗的任务。[2]但问题在于，即便意识到公序良俗的"底线功能"，又该如何界定最低限度的道德？"最低限度"并非描述性概念，而是需要价值填充的不确定概念。在价值多元的现代社会，裁判者对最低限度的道德的内涵评价存在巨大差异可能性。例如，空乘人员在朋友圈发内衣自拍的行为是否突破了道德的"最低限度"？对于性观念较为保守的人们，其暴露隐私的行为可能已经突破了道德的"最低限度"，但对于性观念较为开放的人们，该行为即便不合时宜，但并未违反最低限度的道德。由此可见，对公序良俗功能和内涵的认识不统一，是滥用公序良俗原则的重要原因。

（2）法律适用方法之因由：法律规则与法律原则

公序良俗原则沦为僭越法律工具的另一个原因在于：裁判机关对法律适用中的"穷尽法律规则"和"填补法律漏洞"认识不清，轻易用原则代替规则，导致向一般条款逃逸。公序良俗等法律原则虽然是弥补法律漏洞或解决法律冲突的工具，但并非唯一工具。实际上，针对不同类型的法律漏洞，亦应有不同的填补方

---

〔1〕［德］迪特尔·梅迪库斯：《德国民法总论》，邵建东译，法律出版社2000年版，第511页。

〔2〕于飞："《民法典》公序良俗概括条款司法适用的谦抑性"，载《中国法律评论》2022年第4期。

法。在德国法中，制定法漏洞分为"开放型"与"隐蔽型"。制定法依据自身的目的，本应对特定案件类型设定适用的规则却未设定时，构成"开放型"漏洞；而制定法虽然含有可适用于某种特定情形的规则，但根据该规则的意义和目的无法适用时，构成"隐蔽型"漏洞。[1]一般而言，"隐蔽型"漏洞的填补方式为目的论限缩，而"开放型"漏洞的填补方式为借助类推或回归法律原则。[2]但即便是缺乏制定法规则的"开放型"漏洞，裁判机关亦应先借助类推方法适用法律规则。因此，法律原则适用前提中的"穷尽法律规则"并不仅仅指"寻找可直接适用于系争案件的法律规则"，还包括可借助类推、扩大解释、限缩解释等可能适用于系争案件的法律规则。

因此，只有通过上述方法仍无法寻得可适用的具体规则时，方可援引公序良俗原则，从而避免向一般条款逃逸。[3]理由在于：强制性规定与公序良俗虽同属私法自治的界限，但背后体现了不同的价值安排。前者属于法律规则，体现了立法者对某一法律行为所涉价值的权衡结果，[4]裁判机关适用时无需再作价值权衡，只需遵循立法者的价值安排判定法律行为的效力。而公序良俗作为不确定的法律概念，裁判机关仍需要对所涉不同价值进行权衡，进而完成价值填充。若裁判机关置明文规范于不顾而径采公序良俗原则进行判决，则是以裁判者个人价值判断取代法律已

---

〔1〕［德］卡尔·拉伦茨：《法学方法论》（全本·第六版），黄家镇译，商务印书馆2020年版，第474页。

〔2〕［德］卡尔·拉伦茨：《法学方法论》（全本·第六版），黄家镇译，商务印书馆2020年版，第478页以下。

〔3〕参见翟冬："法秩序统一原理下公序良俗条款的司法适用"，载《华中科技大学学报（社会科学版）》2022年第5期。

〔4〕参见陈坤："法律推理中的价值权衡及其客观化"，载《法制与社会发展》2022年第5期。

有的价值判断，即便判断结果并无二致，亦是对立法的僭越。

由此可见，真正发挥公序良俗的"底线功能"，需要解决以下两个问题：其一，就公序良俗本身而言，需再次审视法律与道德的关系，厘清公序良俗中的道德因素在法秩序中的位置。其二，针对公序良俗僭越立法之问题，就需在前述结论的基础上，探寻个案中公序良俗和相关强制性规定的关系，确定公序良俗在个案中的"具体内涵"。

三、公序良俗中的道德与法律

如何确定公序良俗中的最低限度的道德？很多学者认为，公序良俗必然包含法外的评价标准或是法外的道德伦理，而裁判机关的任务在于在法外浩瀚的道德大海中取一瓢。如戴孟勇在《论公序良俗的判断标准》一文中介绍了英美法系国家学界关于立法者如何确定社会道德的讨论——普通人标准和专家标准，并认为在善良风俗的判断方面，应首先确认普通人中间的流行意见，再辅之以专家的价值评判。[1] 一些学者认识到社会道德标准随着时空变化吐故纳新，因此，法官应努力融入社会，体察民情，切身感受正在广大民众中发生巨变的道德观念。[2] 一些学者受德国法[3]的启发，建议善良风俗的判断不应以行为本身，而应以行为动机是否违背社会道德为准。随着法教义学在我国的引入和发展，一些学者提出：公序良俗的最终来源为"法律内部的价值"，即公序良俗中的道德，即便最初形成于法律之外，也是因为其符合整体法

---

〔1〕　戴孟勇："论公序良俗的判断标准"，载《法制与社会发展》2006 年第 3 期。

〔2〕　参见刘练军："公序良俗的地方性与谦抑性及其司法适用"，载《求索》2019 年第 3 期。

〔3〕　关于德国法中"善良风俗"的介绍参见 ［德］迪特尔·梅迪库斯：《德国民法总论》，邵建东译，法律出版社 2000 年版，第 508—550 页。

秩序的价值而被采用的。[1]

依笔者之见，确定公序良俗中"道德因素"的选取标准和评判对象，进一步为公序良俗的司法适用探明了道路。但只有确定公序良俗的来源为法秩序内部价值，方能从根本上解决公序良俗原则的法律适用问题。笔者支持"法秩序内部价值来源说"的理由在于：规则和原则只是法律体系的外在形式。从实质内容上看，法律体系中还有一种更高层次的存在，即借由抽象概念和客观价值所型构的法秩序。[2] 在德国，法秩序中的客观价值主要由《德国基本法》中的基本权利承载，而围绕人的尊严所型构的基本权利位阶亦是德国整体法秩序中的价值位阶。[3] 在此框架下，司法之所以援引社会生活中的道德准则，是因为其符合整体法秩序认可的价值。因此，与其说是"道德弥补法律的漏洞"，不如说是"道德化为法律原则弥补具体规则的漏洞"。[4]

因此，我国法律中公序良俗中的道德，亦是符合整体法秩序尤其是宪法所认可价值的道德。符合法秩序的道德可分为公共领域的道德（公德）和私人领域的道德（私德）。前者指《中华人民共和国宪法》（以下简称《宪法》）第53条中的"公共秩序"及"社会公德"，例如健康的市场经济秩序、国民健康、环境保护

〔1〕 参见王吉中："公序良俗条款的适用方法——以法内评价的规则续造为核心"，载《甘肃政法大学学报》2021年第1期。

〔2〕 参见孙海波："裁判运用社会公共道德释法说理的方法论"，载《中国应用法学》2022年第2期。

〔3〕 Schnapp, Grundrechte als Wertordnung, JZ1998, S. 914 ff.

〔4〕 近年来，越来越多的学者主张用宪法基本权利位阶对公序良俗进行价值填充。例如，蔡唱："公序良俗在我国的司法适用研究"，载《中国法学》2016年第6期；章程："从基本权理论看法律行为之阻却生效要件——一个跨法域释义学的尝试"，载《法学研究》2019年第2期；李想："论宪法视角下公序良俗原则的适用——以'遗赠非法同居人案'为例"，载《中国法律评论》2022年第5期。但宪法中的基本权利是不是公序良俗的唯一来源，几位作者并未在文中论述。

以及符合上述目的的"道德律令"。后者则主要指在家庭、亲友和财产领域内，符合《宪法》基本权利价值的道德要求，例如对婚姻忠实的道德义务来源于《民法典》中规定的夫妻忠实义务以及《宪法》第49条保护家庭的价值。道德之所以划分为公德和私德，是因为二者的保护方式有所不同：当个人行使基本权利会侵犯公共利益时，国家立法应恪守比例原则，防止公权力以公共利益之名对个人基本权利的过度侵害。易言之，只要公共利益的实现方式不对个人基本权利造成过度侵害，公共利益应优先于个体基本权利。但若个体行使基本权利会侵害私德的实现（即限制另一基本权利），则需要同时恪守比例原则以及禁止保护不足原则，[1]即只有违反私德（善良风俗）的行为限制了另一主体的权利和利益，且在个案上不能期待另一主体容忍该限制时，私德领域的善良风俗才应优先。[2]

四、公序良俗的适用前提

1. 公德适用的前提中的比例原则

劳动合同条款可能违反公序良俗中公德的，应审查个案中认定合同条款无效是否符合比例原则。例如，根据媒体报道，有一些用人单位以签署"保密协议"的方式要求劳动者，不对外公布可能引发负面评论的消息。若保密事项包括用人单位正在进行的犯罪行为（如诈骗），则该保密条款因违反《中华人民共和国刑事诉讼法》第84条公民有举报犯罪的权利和义务（即强制性规定）而无效。若保密事项虽然未达到犯罪程度，但亦可能危害公共利

[1] 参见陈征："论部门法保护基本权利的义务及其待解决的问题"，载《中国法律评论》2019年第1期。

[2] 李想："论宪法视角下公序良俗原则的适用——以'遗赠非法同居人案'为例"，载《中国法律评论》2022年第5期。

益和违反公共道德，则需根据比例原则的要求进行妥当性、必要性和均衡性审查。妥当性审查的核心内容在于否定劳动合同条款的效力是否有助于公共利益和公共道德的实现。必要性审查要求在所有手段中，否定劳动合同条款的效力是对当事人权益损害最小的手段。因此，必要性审查需结合所涉及公共利益和公共道德的价值位阶、公共利益涉及人数的规模、公共利益受到威胁的直接性和公共利益受保护的迫切性进行综合衡量。[1]均衡性审查的重点则在于欲实现的公共利益是否高于劳资双方的私法自治。

接下来，笔者将以沃尔玛"黑油"事件展示比例原则的适用过程。2014年8月，沃尔玛深圳洪湖店有一名员工通过视频、照片向媒体爆料，该门店煎炸鸡块用油一个月不换，并涉嫌使用过期肉和长虫大米等原材料制作熟食，得到其他三名员工证实。2014年9月，这四名员工被辞退，理由是"严重违反公司规章制度，同时给公司造成重大损害"。从法教义学视角来说，解雇应基于违反劳动合同义务。是故，本案真正的解雇理由为，四名员工违反了"不得向媒体爆料不符合食品安全标准行为"的合同义务。在本案中，使用过期和变质食品做原材料会对公众健康造成直接威胁，沃尔玛门店通过公司规章制度设置的劳动义务实际上已违反公序良俗原则。食品安全涉及公众生命健康，价值位阶远高于合同自由及沃尔玛的经营利益。问题在于，明确系争条款[2]无效是否为保证食品安全的最后手段？食品安全当然可以依靠政府部门和公众监督来实现，但食品安全会直接威胁顾客身体健康乃至生命，且沃尔玛作为拥有巨大人流量的大型超市，涉及人群规模不可谓不大。何况若沃尔玛知错就改，诚恳道歉，该食品安全事

---

〔1〕 参见翟冬："法秩序统一原理下公序良俗条款的司法适用"，载《华中科技大学学报（社会科学版）》2022年第5期。

〔2〕 劳动规章制度亦属于劳动合同条款，详细论述请见第三章。

件并不会给其带来过大的负面影响。因此，认定该保密条款无效符合必要性原则。[1]

2. 私德适用中的禁止保护不足原则

在用工实践中，很多用人单位会禁止同事之间谈恋爱，一旦恋爱则一方需离职。此类"禁令"（条款）限制劳动者的恋爱自由，属于对他人事务的不当干涉，既不符合一般的道德要求，亦不符合《宪法》第38条下的人格尊严价值。一般而言，不干涉他人的恋爱属于私德领域的道德要求。判断此类"禁令"的效力时，首先应根据禁止保护不足原则的要求，审查劳动者的期待可能性。一般而言，与产生好感之人发展恋爱关系是劳动者人格发展的重要部分，构成人格尊严的一部分，具有较高的宪法价值。然而，在用工情境下，劳动者是否具有上述期待可能性，还应取决于劳动者与恋爱对象的具体关系。若双方为直接上下级关系，则劳动者通常不能期待"与上级或下级恋爱后，仍保持原有工作岗位"。因为上下级之间的恋爱关系极有可能会影响整个团队的公平，给其他劳动者和用人单位管理带来消极影响。若双方处于敏感岗位（如财务部门负责人和行政部门负责人），劳动者亦不可具有此类期待，因为劳动者应该知晓互相监督的部门负责人应尽力回避的规则。但若双方属于其他关系，劳动者可具备"与同事恋爱，仍保持原有工作岗位"的期待，在此种情形下，用人单位"禁止恋爱"的"禁令"应属于无效条款。

3. 过错解雇中的公序良俗

司法实践中，一些裁判者往往以劳动者的行为违背公序良俗

---

[1]　当然，保密条款无效不意味着劳动者的举报不受任何约束，劳动者举报也需遵循一定的程序要求（如先通过内部渠道反映事实），这种制度也称"吹哨人保护制度"。具体可参见王倩："保护'吹哨人'的劳动法分析——基于德国司法经验的考察"，载《当代法学》2016年第5期。

为由，支持用人单位的解雇行为。这一裁判思路的根源在于我国过错解雇制度的不足：《劳动合同法》第 39 条采用了封闭式的立法模式，仅规定了六种具体情形。[1]当丰富的劳动实践无法被六种具体情形覆盖时，诚实信用、公序良俗等一般条款便成为裁判者最后的"救星"。

然而，当我们对公序良俗追根溯源，便会发现逻辑上的不相容：依据《民法典》第 153 条的规定，公序良俗是否定法律行为的法定事由。换言之，当某一法律行为违背公序良俗时，其效力无法得到法律认可。但与公序良俗相关的解雇判例是以某一行为违背公序良俗为由去证立另一法律行为（单方解除劳动合同）的效力。即便前一行为确实不符合善良风俗的要求，亦不可自动得出解雇合法的结论，因为过错解雇的法理基础是劳动者严重违反给付义务或附随义务，从而导致继续性关系的信任基础丧失，劳动合同目的不能实现。[2]因此，中心论题并非劳动合同条款是否违背公序良俗，而是劳动者违反善良风俗的行为是否导致《劳动合同法》第 40 条意义上的信任基础丧失。例如，当劳动者因婚外情而被解雇时，需要考察劳动者的婚姻忠实义务是否构成履行劳动合同的重要因素。因履行劳动合同的重要因素为劳动给付，故在不影响劳动给付的前提下，违反性道德的行为原则上不应作为过错解雇的理由。在特殊情形中，如违反性道德的劳动者为公司管理层，且公司对外的整体形象为家庭友好型，婚外情行为可能会严重影响公司整体形象，此时劳动者的婚外情行为方可作为过错解雇的理由。

---

〔1〕 参见朱军："修法背景下《劳动合同法》第 39 条的完善"，载《法学》2017年第 9 期。

〔2〕 参见王倩："我国过错解雇制度的不足及其改进——兼论《劳动合同法》第39 条的修改"，载《华东政法大学学报》2017 年第 4 期。

第三节　均衡审查：公平原则及其具体化

如前所述，由劳资双方平等协商订立的合同条款，需要符合强制性规定和公序良俗原则的要求，而用人单位单方拟定的条款，则需接受"底线+均衡"双重审查。所谓均衡，是指合同条款应正当分配合同双方的利益、负担和风险。在我国私法体系中，能够承担这一任务的为公平原则。[1]是故，《劳动合同法》第 3 条中的公平原则是均衡审查的法律依据。

一、公平原则的具体化路径

公平原则作为一般条款，具有概括性、抽象性和开放性的特征。但在司法实践中，仍需要把一般条款化为具有"构成要件-法律后果"形式的裁判规则。为减少法律适用的不统一，提升裁判效率，德国法发展出了"案例群"方法：首先通过总结相似个案，形成案例群；之后出现新的待决个案时与案例群进行比较。若待决个案中的事实可以被归为某一案例群的"构成要件"，则可直接适用案例群中的判决结果，从而无需每一次适用同一法律原则时都重新开启对其内涵的讨论。[2]案例群实际上是对相似案件的归纳，但如果个案的裁判说理过程无法令人信服，其又有何资格成为下一个待决个案的"裁判规则"？基于此，保证个案中适用公平原则的说服力则更为迫切。

在此需回归公平原则的基本内涵。公平原则强调对利益、负

---

[1] 参见韩世远：《合同法总论》（第四版），法律出版社 2018 年版，第 52 页。

[2] 参见刘亚东："民法案例群方法适用的中国模式"，载《环球法律评论》2021年第 1 期。

担和风险的正当分配。因此，个案中适用公平原则的过程，即是全面衡量当事人的利益，并根据利益体现的价值判断何方利益更值得法律保护之过程。就此而言，依据公平原则对劳动规章的均衡审查亦是价值权衡的过程。在个案中，若某一价值之位阶明显优于另一价值，则其利益（价值）权衡相对容易。如相对于劳动者的吸烟自由（自由价值），化工企业的安全生产利益（人身安全和财产安全价值）当然更值得法律保护，化工企业"禁止厂区吸烟"的规章制度的效力显而易见。而在不易判断孰轻孰重的场合，要避免主观恣意判断导致的裁判不统一，则需要增加利益/价值权衡过程的客观性。[1]

二、利益/价值权衡客观化的可行性

利益/价值权衡客观性并不等于绝对确定性，而是意味着权衡过程的可检验性：得出结论的程序应符合每一个参与者必然以理性方式赞同的标准。[2]为达到这一标准，各国学术界和实务界发展出了利益/权衡的步骤和方法，以提高权衡过程的"可视化"程度。具体到规章制度的内容控制，利益/价值权衡分为两个阶段：第一阶段为利益和价值的识别，即司法机关识别系争规章制度涉及的利益以及劳动者利益是否因规章制度而受到侵害。第二阶段为价值识别和权衡。若用人单位通过劳动规章制度而追求的利益以侵害劳动者利益为代价，则应判断规章制度或劳动合同中的其他条款是否对劳动者作出了补偿。若作出了补偿，则规章制度有效；若未作出补偿，则需权衡用人单位维护的自身利益是否更值

---

〔1〕 陈坤："法律推理中的价值权衡及其客观化"，载《法制与社会发展》2022年第5期。

〔2〕 Vgl. Laura Clérico/Jan-Reinard Sieckmann Grundrechts, Prinzipien und Argumentation, Nomos 2009, S. 50.

得法律保护。对用人单位和劳动者利益的权衡，亦是对不同利益所体现的不同价值的权衡。在这一阶段，体现理性标准的程序则为权衡法则，以及从该法则导出的合比例性要求及"重力公式"。[1]

三、利益识别：确定参与权衡的利益和价值

识别个案中系争规章制度涉及的利益，既是展开利益/价值权衡的逻辑前提，也是对权衡的制度约束。因为只有现行法认可的利益和价值，方能参与权衡；未被法秩序认可的利益，则不可进入权衡程序。如某劳动规章的"保密制度"禁止劳动者向外透露自己的薪酬，[2]其体现的用人单位利益为保持"同工不同酬"的薪酬体系。该利益违反了《劳动法》第46条"劳动者同工同酬"之规定，不应被法律认可。故该劳动规章中的薪酬保密制度应直接归于无效。[3]

值得注意的是，现行法认可的利益并不仅限于现行法以权利义务形式明确规定的利益（如劳动者按劳动合同约定获得劳动报酬、用人单位通过设立竞业限制获得的竞争利益等），还包含现行法秩序中所有值得保护的利益。这要求法官识别利益时结合我国《宪法》进行合宪性解释[4]。如劳动规章中的竞业限制条款涉及劳动者自主择业的利益，而劳动者自主择业属于我国《宪法》第42条中的劳动自由，因此劳动规章中的竞业限制条款损害了劳动

---

〔1〕　雷磊："为权衡理论辩护"，载《政法论丛》2018年第2期。

〔2〕　如某互联网公司员工手册中"个人行为准则"规定，员工如发生以下（包括但不局限于）行为，将会被视为严重违反公司制度：违反保密义务，包括但不限于以任何形式讨论或泄露个人工薪、绩效等。参见上海市第一中级人民法院（2022）沪01民终3435号民事判决书。

〔3〕　参见江苏省无锡市中级人民法院（2013）锡民终字第0543号民事判决书。

〔4〕　参见刘召成："法律规范合宪性解释的方法论构造"，载《法学研究》2020年第6期。

者在劳动力市场中自主择业以及获得较高报酬的利益。又如劳动者合理安排工作时间和家庭时间的利益，劳动者投入时间照顾家庭是实现《宪法》第 49 条保护家庭积极社会功能[1]的前提和基础，因此，复杂的请假批准流程损害了劳动者安排工作和生活的利益，不允许劳动者请事假的规定损害了劳动者参与社会活动和照顾家庭的利益[2]。而禁止劳动者发表对用人单位负面言论的规定也自然侵犯了我国《宪法》所保护的言论自由。[3]

四、利益/价值权衡的具体展开

为使法益权衡更加符合"理性"标准，拉伦茨提出将比例原则作为权衡的方法。依其观点，法官在权衡位阶相同或彼此间不可通约的法益时，若实现法益 A 必须损害他人的利益，则应查明实现法益 A 对他人利益损害最小的方式为何。[4]因比例原则强调目的与手段的匹配性，故可以跨越其最初适用的公法领域，成为法益权衡的重要方法。[5]此处以"违纪罚款"为例，作具体说明。在用工实践中，劳动者违反工作纪律时（如未经主管许可，擅离工作岗位，或做与工作无关的事），即便并未给用人单位造成经济损失，用人单位仍会通过劳动规章"罚款"。法院审查此类劳动规章条款时，通常以"法律并未赋予用人单位罚款权"或"只

---

[1] 参见唐冬平："宪法如何安顿家——以宪法第 49 条为中心"，载《当代法学》2019 年第 5 期。

[2] 然玉："孩子高烧请事假被拒，职场别把员工逼成'不称职的母亲'"，载 https://guancha.gmw.cn/2019-01/15/content_32355297.htm，最后访问日期：2022 年 10 月 25 日。

[3] 参见北京市西城区人民法院（2015）西民初字第 06054 号民事判决书。

[4] ［德］卡尔·拉伦茨：《法学方法论》（全本·第六版），黄家镇译，商务印书馆 2020 年版，第 518 页。

[5] 参见张兰兰："作为权衡方法的比例原则"，载《法制与社会发展》2022 年第 3 期。

有行政机关有权罚款"为理由否定其效力。[1]然而，在以私法自治为主导理念的劳动关系中，当事人赋予自己一项法律未明确规定的权利并不等于"违反法律法规强制性规定"。若要增加判决结果的说服力，第一步，裁判机关应分析"违纪罚款"中劳资双方的利益状况。用人单位的利益在于，通过罚款对违纪劳动者和其他劳动者形成威慑力，以便维持管理秩序。维持管理秩序是法秩序承认的利益，具备正当性。第二步，查明罚款可以形成威慑力，维持管理秩序。这一步具备适当性。第三步，应查明是否存在其他同样能够实现用人单位维持管理秩序的目的且对劳动者利益损害更小的方式。依一般管理常识，劳动者违纪时，用人单位完全可以通过批评教育、给予警告等方式达到维持管理秩序的目的，故规定"违纪罚款"的劳动规章不符合公平原则。

若确定某一手段已是实现用人单位利益的最小损害方式，则需进入均衡审查阶段，即比较个案中劳资双方的利益和价值，判断何者更值得保护。对此，可考虑引入阿列克西提出的重力公式（$Gij = Ii \cdot Gi \cdot Si / Ij \cdot Gj \cdot Sj$）进行计算。[2]假设要权衡的价值为 i 和 j，其优先关系用 Gij 进行表达。重力公式含有三组变量：某项价值的抽象重力（G）、价值在个案中受到侵害的程度（I）和某项价值在个案中受到侵害的确定程度（S）。根据抽象重力和受损害的程度（轻、中、重），分别赋值 2^0、2^1 和 2^2。受损确定程度也可根据不同程度，由高到低赋值 2^0、2^{-1} 和 2^{-2}。若 Gij >1，则说明在此个案中，价值 i 更值得法律保护。[3]

---

〔1〕　参见北京市第二中级人民法院（2022）京 02 民终 5403 号民事判决书；上海市第一中级人民法院（2014）沪一中民三（民）终字第 650 号民事判决书。

〔2〕　Robert Alexy, Die Gewichtsformel, in: Gedächtnisschrift für Jürgen Sonnenschein, Berlin 2003, 790.

〔3〕　具体示例可见本书第五章第三节"竞业限制协议内容的合法性审查"。

第二章
格式条款制度的类推适用

　　公平原则作为一般条款，内涵较为抽象，需要判例和学说对其具体化。唯有如此，方可减少劳动规章内容控制过程中的恣意判断，提升法的稳定性。值得注意的是，在消费者合同领域，国内外法学界对格式条款内容控制标准之公平原则的具体化积累了丰富的案例，并在此基础上形成了构成要件清晰的法律规则。若能将这些规则类推到劳动规章内容审查，将会降低司法机关的论证负担。同时，格式条款的订入和解释规则在维护消费者权益和市场秩序方面也发挥了重要作用。基于此，本部分将论证劳动合同中类推适用《民法典》格式条款规则的正当性与可行性。

第一节　类推适用格式条款制度的正当性

一、格式条款制度与劳动合同法：从分离到交汇

纵观中外劳动法的发展历程，国家立法的重点大多是为劳动合同重要内容设置底线，工时制度、最低工资、加班费以及劳动合同期限莫不如此，而劳动合同的均衡规制则交予集体劳动法。随着消费者运动的发展，致力于消费合同内容均衡的格式条款制度应运而生。同时，德国学界和实务界发现：强制性规定和集体合同并不能覆盖劳动合同的所有条款。为解决因合同条款效力而引发的劳动争议，德国联邦劳动法院开始借用《一般交易条款法》的制度。[1] 2002 年，德国颁布《债法现代化法》，将《一般交易条款法》纳入《德国民法典》第 305 条至第 310 条，并删除了《一般交易条款法》中"该法不适用于劳动合同"的规定。自此，格式条款制度成为德国法规制劳动合同的重要工具。

在我国，尽管《民法典》并未明文将劳动合同排除出其适用范围，但劳动争议处理不能援引民事法规范一度是主流实践观点。[2]在此背后是劳动法与民法分立的理论逻辑。[3]依我国学界主流观点，劳动法的调整对象是具有从属性的劳动关系，属于社会法法律部门；民法的调整对象则是平等主体间的民事关系，属于民法法

---

〔1〕　《德国联邦议会印刷品》（Bundestag-Drucksache）第 14 /6857 号，第 53 页。

〔2〕　参见刘绍宇："劳动合同法与民法适用关系的法教义学分析——以《劳动合同法》修改和民法典编纂为背景"，载《法学》2018 年第 3 期。

〔3〕　参见沈建峰："劳动的法典：雇佣合同进入《劳动法典》的论据与体系"，载《北方法学》2022 年第 6 期。

律部门。[1] 原《中华人民共和国合同法》（以下简称《合同法》）与《联合国国际货物销售合同公约》（CISG 公约）的紧密联系[2]更是加深了这一固有观念。然而，多数劳动法学者也认可，劳动法律制度仍是以市场为基础构建起来的制度体系，调整商品交换关系的私法理念和基本规则仍然发挥着主导作用，[3] 以私法自治为基础的合同法基本原理仍是劳动合同法律制度中的逻辑主线。[4] 近年来，一些学者开始从历史维度关注劳动合同法和合同法的共通之处，[5] 尝试探讨民法规则在劳动合同中的适用。[6] 在此思潮的影响下，近年来运用《民法典》格式条款规则处理劳动争议的判决亦有增多趋势：笔者以"格式条款"和"劳动争议"为关键词，在中国裁判文书网共搜索出 182 篇高级人民法院裁判文书（2019—2022 年间），剔除不相关案件和重复案件，真正涉及劳动合同格式条款争议的有 58 篇裁判文书。其中未对格式条款予以回应的有 16 篇，以"劳动者未提出证据证明是格式条款"予以驳回的有 18 篇，认可系争条款或协议为格式条款的有 24 篇。

---

〔1〕 林嘉主编：《劳动法和社会保障法》（第三版），中国人民大学出版社 2014 年版，第 35 页；王全兴：《劳动法》（第四版），法律出版社 2017 年版，第 47 页以下。

〔2〕 参见韩世远："中国合同法与 CISG"，载《暨南学报（哲学社会科学版）》2011 年第 2 期。

〔3〕 参见郑尚元：《劳动合同法的制度与理念》，中国政法大学出版社 2008 年版，第 13—21 页。

〔4〕《劳动与社会保障法学》编写组：《劳动与社会保障法学》（第二版），高等教育出版社 2018 年版，第 16 页。

〔5〕 参见沈建峰："劳动法作为特别私法 《民法典》制定背景下的劳动法定位"，载《中外法学》2017 年第 6 期；郑晓珊："劳动合同法之法律性质与体系归属——兼谈《劳动合同法》与《民法典》之协调、互动"，载《清华法学》2022 年第 3 期。

〔6〕 参见刘绍宇："劳动合同法与民法适用关系的法教义学分析——以《劳动合同法》修改和民法典编纂为背景"，载《法学》2018 年第 3 期；郑晓珊："劳动合同法之法律性质与体系归属——兼谈《劳动合同法》与《民法典》之协调、互动"，载《清华法学》2022 年第 3 期。

诞生自消费者保护法的格式条款制度，是民法社会化的象征。格式条款和劳动合同法均以保护市场中的弱势群体为己任，这为二者的连接提供了初步正当性基础。然而，证成一项具体制度的跨部门适用并不能停留于宏观体系和历史脉络，还需经法学方法论的检验。从法学方法论的角度看，具体制度跨部门法适用的路径有二：其一，证成该具体制度可上升至一般法思想（即可被普遍化），这是一种先归纳后演绎的思路，其论证重点为该制度是否具备普遍化的能力。其二，证成该制度可类推适用于其他领域中相似的案件事实，即先类比后演绎的思路。其中，承担了论证负担的是相似性判断。[1]

二、格式条款制度的普遍化能力

在法律领域，具备普遍化能力的事物有两类：一是能体现形式理性的事物，如逻辑法则和法律程序等[2]。二是该事物与特定的法治目标相关联，能证明该法治目标是每个部门法都应予以追求的对象，而该事物又是实现它的唯一工具或最佳工具时，该事物自然也应被普遍适用。第二点常常被学者用以支持比例原则的普遍化。[3] 比例原则体现的"禁止过度"思想和"目标-手段"的理性构建标准不仅适用于基本权利的防御保障，也适用于一般

---

〔1〕　［德］托马斯·M.J. 默勒斯：《法学方法论》（第4版），杜志浩译，北京大学出版社2022年版，第371页。

〔2〕　陈景辉："比例原则的普遍化与基本权利的性质"，载《中国法学》2017年第5期。

〔3〕　支持性观点例如，蒋红珍："比例原则适用的范式转型"，载《中国社会科学》2021年第4期；郑晓剑："比例原则在民法上的适用及展开"，载《中国法学》2016年第2期；反对性观点参见陈景辉："比例原则的普遍化与基本权利的性质"，载《中国法学》2017年第5期。

化的法益冲突。[1]当然，能够实现"目标-手段"理性建构的并不只有比例原则，还有诚实信用原则。但相比于诚实信用原则，比例原则中的三个子原则在司法适用中更具有可预见性和说服力[2]，更能体现法官运用自由裁量权的"可回溯性"。

那么，格式条款制度是否具备普遍化的能力呢？就第一点而言，格式条款制度中虽然包含"订入审查—内容确定（解释规则）—内容控制"的审查顺序，但"顺序"和决定过程本身并不等同于"程序"，因为"程序还包含着决定成立的前提，存在着左右当事人在程序完成之后的行为态度的契机，并且保留着客观评价决定过程的可能性。"[3]就第二点而言，格式条款制度的普遍化能力更难以证成。格式条款制度的目标是防止滥用合同自由，保护弱者利益及维护市场秩序。但仅在私法内部，能够达成这一目标的制度工具就不只有格式条款制度，其他制度诸如禁止暴利原则、强制缔约制度、价格规定等，均发挥着同等重要的作用。由此推知，格式条款制度并不具备普遍化能力。

三、类推适用的基础：部分一致、评价相同

在法律适用中启用具体类推的通常缘由为：依文义解释和立法者原意解释，具体法律规范（如格式条款的内容控制规则）本未囊括待解决的案件事实（劳动合同内容控制），但案件事实与法律规范中的小前提部分一致（Teilgleichheit）。[4]依据我国《民法典》第496条的规定，格式条款的定义（即格式条款制度的适

---

[1] 蒋红珍："比例原则适用的范式转型"，载《中国社会科学》2021年第4期。
[2] 郑晓剑："比例原则在民法上的适用及展开"，载《中国法学》2016年第2期。
[3] 季卫东："法律程序的意义——对中国法制建设的另一种思考"，载《中国社会科学》1993年第1期。
[4] U. Klug, Juristische Logik, Springer 1982, S. 109 ff.

用范围和小前提）为当事人为了重复使用而预先拟定，并在订立合同时未与对方协商的条款。就劳动规章制定过程而言，其完全符合《民法典》第 496 条格式条款的定义。然而二者之间亦仍然存在显而易见的不同：一是私法自治受限的原因不同。消费者影响格式条款内容的障碍主要在于因信息不对称和经济实力差异而造成的价值与交易成本的不匹配。[1]除信息不对称和实力差异外，劳动者由于不能缩小"劳动力供应"，其自由意志更易受压制[2]。二是存续时间不同。消费关系属一次性，劳动关系则属持续性。[3]有鉴于此，消费合同格式条款的案例规则能否类推适用至劳动合同，取决于二者共同点和不同点的各自权重。[4]而判断共同点和不同点权重的标准，则在于法律规则背后的价值安排。[5]换言之，如若两个彼此类似的事物恰好在对法律评价有决定性意义的方面一致，则适用于某一事物的法律规则就可类推适用于另一事物。[6]而为了认识事物中哪些要素对于法定评价具有重要性，应先探寻法律规则的目的和理由，[7]即制定法要解决的问题以及希望达到的效果。

---

〔1〕 王剑一："合同条款控制的正当性基础与适用范围——欧洲与德国的模式及其借鉴意义"，载《比较法研究》2014 年第 1 期。

〔2〕 吕惠琴：《劳动法领域权利配置的优化》，中国工人出版社 2020 年版，第 28 页。

〔3〕 参见吴文芳："劳动者个人信息处理中同意的适用与限制"，载《中国法学》2022 年第 1 期。

〔4〕 Sebastian A. E. Martens, Methodenlehre des Unionsrechts, Mohr Siebeck 2013, S. 318 f.

〔5〕 Bydlinski, Juristische Methodenlehre und Rechtsbegriff, Verlag C. H. Beck 1991, S. 475 ff.

〔6〕 ［德］托马斯·M. J. 默勒斯：《法学方法论》（第 4 版），杜志浩译，北京大学出版社 2022 年版，第 372 页。

〔7〕 ［德］卡尔·拉伦茨：《法学方法论》（全本·第六版），黄家镇译，商务印书馆 2020 年版，第 480 页。

保护市场经济中弱势群体（主要是消费者）的利益，维护合同正义，是格式条款制度诞生的直接动力。如我国原《合同法》颁布前后，很多学者（无论是否参与立法）指出，消费者与经营者之间存在的经济地位和实力差异，使得消费者面对格式合同时"要么接受、要么离开"。[1] 这种差异给了强势一方损害弱势群体经济利益的机会。为了维护合同正义，必须对强势一方（经营者）的合同自由给予限制。[2] 这一点在德国法中亦可得以证实。德国联邦政府 1975 年《一般交易条款法草案》[3] 明确提出，立法目的是保护当事人免受单方拟定的不公平条款的侵害。但随着格式条款制度的发展，中德两国学者都认识到了一个问题：如果格式条款制度的目的只在于保护弱势群体的利益，与民法中其他维护合同正义的制度（如诚实信用原则）的差异又在何处？换言之，格式条款制度的独立性在何处？既然格式条款内容控制中也有公平原则（或诚实信用原则），又何必多此一举设置专门的法律规则？经过研究，两国学者认为，如若法律对格式条款采取放任态度，不仅会损害消费者等弱势群体的利益，还会造成市场失灵，导致"柠檬市场"的出现：即便顾客（消费者）并没有实质影响格式条款内容的能力，若顾客可以充分对比不同经营者拟定的格式条款，经综合评判，挑选出对自己整体上最有利的合同，那么对消费者不利的格式条款最终会被市场淘汰出局。但在日常实践中，由于顾客与经营者存在信息和动力上的差异，顾客为了节约交易成本，往往会不假思索地接受格式条款，并会期待格式条款

---

[1] 参见苏号朋："定式合同研究——以消费者权益保护为中心"，载《比较法研究》1998 年第 2 期。

[2] 参见王利明："对《合同法》格式条款规定的评析"，载《政法论坛》1999 年第 6 期。

[3] 《德国联邦议会印刷品》（Bundestag-Drucksache）第 7/3919 号。后来该法被纳入《德国民法典》第 305—310 条。

内容大致上的"正当性"。[1] 这样一来，格式条款内容便无法靠市场机制自动调节，那些对顾客有利的格式条款往往会被挤出市场，因为与它相连的商品或服务的价格会更高。为保护市场竞争秩序，格式条款制度应使格式条款的内容维持在顾客期待的"最低水平"，从而使经营者在此基础之上展开竞争。[2]

由此可见，《民法典》第 496 条和第 497 条下的格式条款内容控制规则一为维护合同正义，二为维护竞争秩序。而对该目的有决定性的事实要素有二：一是消费者的相对弱势地位，二是交易成本差异导致无法依靠市场自身调节。上述决定性的事实要素在劳动合同中体现得更为明显：在劳动关系中，劳动者的弱势地位更甚，以至于整个劳动合同内容，除去工作岗位和劳动报酬——最核心的给付内容，大多数情况下都是一方拟定，一方被动接受的产物。有鉴于此，参与立法的学者在向全国人大常委会法制工作委员会提交的合同法建议草案[3]（1995 年 1 月）中明确提出，为了保护市场经济中的弱者，即消费者和劳动者，应制定专门条文对定式合同加以规制。而且，劳动合同的签订时间通常为劳动者入职当天或入职之后。入职当天签订劳动合同时，劳动者和用人单位协商已面临极大的交易成本；而建立劳动关系之后，因劳动者已处于劳动关系中，即便注意到劳动合同内容不合理，基于机会成本的考虑也不会退出劳动关系。因此，格式条款的内容控制规则应类推适用至劳动合同。

---

[1]　马辉："格式条款信息规制论"，载《法学家》2014 年第 4 期；解亘："格式条款内容规制的规范体系"，载《法学研究》2013 年第 2 期。

[2]　德国法和欧盟法部分可参见王剑一："合同条款控制的正当性基础与适用范围——欧洲与德国的模式及其借鉴意义"，载《比较法研究》2014 年第 1 期。

[3]　参见梁慧星："从'三足鼎立'走向统一的合同法"，载《中国法学》1995 年第 3 期。

四、差异对类推适用的影响

然而，劳动合同毕竟与消费合同存在较大差异。接下来需考察的是，上述差异是否会对制度运行产生显著的影响？从域外法律实践来看，产生的影响主要有以下两方面：

第一，就格式条款内容控制制度而言，除了概括性控制规则（《民法典》第498条、《德国民法典》第307条），还有根据司法实践经验归纳出的具体控制规则。如《德国民法典》第308条和第309条详细列举了格式条款无效的具体情形。一般而言，某个制定法的规则越具体，其背后价值取向所依据的事实要素就越多，类推适用的可能性就越小。这亦是《德国民法典》第310条第4款规定"（适用《德国民法典》第305—310条）应特别斟酌劳动法之特殊性"的原因。这一思想在我国司法实践中也可得到证实。如订立合同时，经营者提供多种价格套餐供顾客选择，而相对低价的套餐含有责任免除或限制条款的，这些条款并非一律无效，[1]因为免责条款给顾客造成的经济风险应与优惠的价格综合衡量。劳动关系中的高工资能否与劳动者减少的休息时间相互衡量却值得怀疑，[2]因此消费合同领域中格式条款内容控制的这一具体规则并不能类推至劳动合同。

第二，劳动合同持续性对格式条款法律后果的影响。在消费合同领域，格式条款被认定无效后，其使用人通常不可主张将系争条款内容调整至法律允许的最低限度（Verbot der geltungserhalte-

---

〔1〕 贺栩栩："格式条款效力审查"，载朱庆育主编：《中国民法典评注：条文选注》（第2册），中国民主法制出版社2021年版，第54页。

〔2〕 参见高广旭："资本批判与时间解放——《资本论》的时间分析及其政治结论"，载《南京社会科学》2022年第5期。

nden Reduktion）〔1〕。如法院认定"停机三个月后，本营业处有权将该用户号码转给别人使用，一律不予退还所有入网费用"无效后，条款使用方不得主张将该条款的内容变更为"停机三个月后，本营业处有权将该用户号码转给别人使用"〔2〕。即便变更后的条款符合格式条款的效力要求亦不例外。这一法律后果的正当性在于，可以促使条款使用人在拟定条款时尽可能顾及相对人的利益。否则，条款使用人便可大胆拟定损害相对人利益的条款，反正即便败诉，其还是能够得到在法律允许范围内的最大利益。〔3〕因此，法律通常不允许变更格式条款内容，除非无效的法律后果对相对人更为不利。然而，上述正当性理由依存于下述事实：消费合同多为一次性合同，从合同订立到合同履行的间隔时间较短，合同赖以存在的基础相对稳定。在这种情形下，经营者在订立合同之时，完全具备拟定正当内容格式条款的能力。经营者有能力拟定而不拟定，反而利用优势地位滥用合同自由时，便同时"丧失了"得到法律允许范围内最大利益的机会。因此，即便无效的法律后果会使得经营者与消费者的利益轻微失衡，也是对经营者滥用合同自由的"惩罚"。对劳动合同而言，由于劳动合同的继续性，用人单位在拟定格式条款之时，可能并不具备确定正当内容的能力，且无效的法律后果还可能导致劳资双方利益严重失衡〔4〕。如在"专项培训服务期"条款中，若要设定合理的服务期，用人单位可能需要对几年后的经济形势、产品或服务市场竞争状况和就业市场

---

〔1〕　BGH 3.11.1999, VIII ZR 269/98, NJW 2000, 1110; BGH 11.4.1992, VIII ZR 235/91, NJW 1993, 326.

〔2〕　"广东直通电讯有限公司诉洪分明电话费纠纷案"，载《中华人民共和国最高人民法院公报》2001年第6期。

〔3〕　Stoffels, AGB-Recht, 4. Auflage, C. H. Beck 2021, Rn. 539ff.

〔4〕　Bonin, in: Däubler/Bonin/Deinert: AGB-Kontrolle im Arbeitsrecht, C. H. Beck 2014, § 306 BGB Rn. 22.

做出准确的预估，难度远高于消费合同中格式条款的拟定。此外，若因服务期过长而宣布服务期条款无效，还会导致用人单位与劳动者的利益严重失衡。有鉴于此，德国联邦劳动法院在适用《德国民法典》中的格式条款制度时，在法律后果方面会根据具体情形变更格式条款[1]。除此之外，德国学者还会将某些条款的内容控制规则在体系上构建为"格式条款制度"的特殊规则，并根据"特殊法优于一般法"的原则赋予其不同的法律后果。例如《德国商法典》第74条和第74a条规定了竞业限制条款的效力前提和无效后果。其中，效力前提与格式条款内容的控制规则一致，但条款无效后可变更至法律允许的最低限度（详细内容可见第五章）。

综上所述，由于经济实力、社会地位和相关信息的差距，劳动者不具备与用人单位对等的谈判能力，从而导致劳动合同无法完全依靠市场机制调节。因它们与格式条款制度目的所依据的事实基础一致，格式条款制度（订入、解释和概括性控制规则）可适用于劳动合同。

第二节　格式条款的订入

根据《民法典》第496—498条的规定，格式条款控制制度分为订入控制、解释控制和内容控制。裁判机关审理有关格式条款争议时，应先审查系争条款是否订入合同。系争条款不符合订入要求时，不可成为合同一部分，对当事人不产生拘束力。之后，则应依《民法典》第496条和第497条的内容控制规则审查系争条款内容是否符合均衡要求，若否，则条款自始无效。当事人对

---

〔1〕　BAG NZA 2012, 738, 741.

条款内容有不同理解时，则应按《民法典》第 498 条的解释规则先确定系争条款内容，再审查其内容。

一、格式条款使用方的提示说明义务

格式条款虽是单方拟定的产物，其法律拘束力仍来自双方合意。鉴于相对人无影响条款内容的能力，只有同意与否的能力，各国法律均规定了条款提供方的"提示说明义务"，从而使相对方可全面权衡其中利弊。如《德国民法典》第 305 条第 2 款规定，只有一般交易条款[1]的使用方在缔结合同时满足以下条件，一般交易条款才能有效地纳入合同：①使用方需就一般交易条款向相对方明确地作出指示，或者如果根据合同的性质向相对方作出指示确有困难，使用方可在合同缔结处以显而易见的方式作出公告。②使用方要为相对方提供知悉一般交易条款的可能性，并且要合理地考虑到某些相对人明显的生理缺陷，使这些相对人也可以知悉一般交易条款的内容。

我国 1999 年颁布的《合同法》第 39 条和现行《民法典》第 496 条未如《德国民法典》一般详述"提示说明义务"，而以"合理"一词进行概括。受比较法的启发，结合我国的合同实践，我国学者认为，"合理"意指提示方式足以使一般理性相对人注意。[2]特定交易中提示方式的选择首先取决于交易环境和条款内容。如条款使用人原则上应以明确的方式（如通过特别标识或言语提醒）

---

〔1〕 在德国，单方拟定且未与对方协商的条款称为 Allgemeine Geschäftsbedingungen（简称 AGB），我国一般译为"一般交易条款"或"一般交易条件"。为突出国别特色，本书将德国法中的格式条款统称为"一般交易条款"。

〔2〕 王利明：《合同法研究》（第一卷）（第三版），中国人民大学出版社 2015 年版，第 415 页；崔建远：《合同法总论》（上卷）（第二版），中国人民大学出版社 2011 年版，第 177 页；韩世远：《合同法总论》（第四版），法律出版社 2018 年版，第 926 页。

"个别提醒"每一相对人，在确有困难时则可通过公告的方式通知。这一规则可类推适用至劳动规章中的格式条款。若在劳动者与用人单位签订劳动合同时，劳动规章作为劳动合同的附件一同出示给劳动者，或劳动者入职后用人单位向劳动者发送劳动规章的，用人单位应通过口头或邮件（辅以可引起重视的标识）对劳动者进行"个别提醒"。若劳动者入职后，用人单位通过《劳动合同法》第4条的程序制定规章制度，制定后则可以群发邮件或消息等"公示"方法广而告之。其次，条款内容对相对人越不利，提示义务越重，使用方越应在能力范围内选择更能引起相对人注意的方式。[1] 如与劳动报酬、休息休假相关的格式条款，用人单位应尽力以开会或谈话方式使劳动者知悉。

二、提示说明义务的适用范围

与《德国民法典》的规定不同，根据我国法律规定，格式条款使用方并非对所有格式条款均负提示说明义务。我国原《合同法》第39条第1款将使用方的提示说明义务限定于"免除或者限制其责任的条款"。这一规定引发了学界的批评。依我国学界通说，提示说明义务应适用于所有格式条款。[2] 而在司法实践中，亦不乏有法院以系争条款不属于"免除或者限制其责任的条款"为由豁免使用方的提示说明义务，典型的如关于管辖及争议解决方式的条款。[3] 我国《民法典》第496条第2款的规定对此作出

---

[1] 苏号朋："论格式条款订入合同的规则——兼评中国《合同法》第39条之不足"，载沈四宝主编：《国际商法论丛》（第2卷），法律出版社2000年版，第25—47页。

[2] 王利明：《合同法研究》（第一卷）（第三版），中国人民大学出版社2015年版，第416页；朱广新：《合同法总则》（第二版），中国人民大学出版社2012年版，第121页；韩世远：《合同法总论》（第四版），法律出版社2018年版，第922页。

[3] 详细内容参见王天凡："格式条款的定义及使用人义务"，载朱庆育主编：《中国民法典评注：条文选注》（第2册），中国民主法制出版社2021年版，第14—16页。

了两个调整：一是将"限制"改为"减轻"；二是对提示说明义务的范围进行了扩张，增加了概括性的规定"与对方有重大利害关系的条款"。这一调整一方面使更多格式条款进入了订入控制的范围，另一方面也要求法院在进行订入控制时便开启对条款内容的实质审查。

有学者认为，实质审查本应属于我国《民法典》第 497 条内容控制的功能，因此"与对方有重大利害关系"的要求实际上造成了两个条文之间的冲突。[1] 笔者认为，此实质审查并不等同于我国《民法典》第 497 条中的实质审查，因为后者审查的对象是条款内容是否符合法定要求，而非对格式条款相对方利益的影响。然而，立法是否有必要根据利害关系区分对待亦有待进一步论证。即便确有区分对待的必要，如何判断条款与相对方利害关系的程度亦是对裁判机关的新挑战。对于以赚取经济利益为主要目的且不涉及人身性的合同（如货物买卖合同），可根据对相对方经济利益的影响划定"与对方有重大利害关系的条款"（如合同解除权条款、违约金条款、限制损害上限条款等）；而对于涉及人身权益的合同（包括劳动合同在内），则需从人身权益和财产权益两个角度考虑条款对相对方权利和利益的影响。当然，为减轻司法论证负担，笔者倾向于扩大解释我国《民法典》第 496 条第 2 款的规定，将所有格式条款均纳入订入控制范围。

第三节　格式条款的解释规则

我国《民法典》第 498 条规定：对格式条款的理解发生争议

---

[1]　参见王天凡："格式条款的定义及使用人义务"，载朱庆育主编：《中国民法典评注：条文选注》（第 2 册），中国民主法制出版社 2021 年版，第 16 页。

的，应当按照通常理解予以解释。对格式条款有两种以上解释的，应当作出不利于提供格式条款一方的解释。格式条款和非格式条款不一致的，应当采用非格式条款。依文义理解，裁判机关在解释格式条款时应按以下顺序进行：

一、通常解释

首先，应按照通常理解予以解释。此"通常解释"即是《民法典》第 142 条第 1 款规定的有相对人意思表示的解释规则。依该规定，解释合同应当按照所使用的词句，结合相关条款、行为的性质和目的、习惯以及诚信原则。其中，解释条款中使用某个词语时要注意一般语言用法和特殊语言用法的区分。一般语言用法是指社会一般人对词语的习惯性理解，即一个理性人处在意思表示相对人处境中对词语的理解。特殊语言用法则是指特定行业、特定区域或者更小的交往圈子对语言的特殊理解。[1] 如果某一合同用语存在普遍习惯用法和专业用法的差别，则需考虑何者优先的问题。对此问题，学界有不同的看法：有学者认为，若某一词语的专业用法在普遍习惯用法中无法查找，理性自然人不可能有机会理解，则应依普遍习惯用法。如果某一词语的专业用法虽不被社会一般人知悉，但可以向专业人员咨询的，则应推定其知悉该专业用法。[2] 另有学者认为解释合同应以大多数可能订约者（即社会一般理性人）的理解为准。[3] 依笔者之见，即便社会一般理性人可通过查阅相关资料和咨询专业人员理解某一词语的专业用法，但查阅和咨询的前提仍是其意识到"普遍习惯用法和专

---

[1] 杨代雄：《法律行为论》，北京大学出版社 2021 年版，第 247 页。
[2] 韩世远：《合同法总论》（第四版），法律出版社 2018 年版，第 922 页。
[3] 参见王利明："对《合同法》格式条款规定的评析"，载《政法论坛》1999年第 6 期。

业用法可能不同"。若某一词语的普遍习惯用法与专业用法的领域相近，且符合合同上下文语境，则普遍习惯用法应优先于专业用法。

二、作不利于格式条款使用方的解释

若依照第一步的解释规则，对格式条款有两种以上的解释结果，且无法确定何种解释结果优先，应当作出"不利于提供格式条款一方的解释"。该规则的正当性在于：格式条款由使用方单独拟定，其有义务选择合适的文字表述方式。既然疑义由使用方引发，由此产生的不利后果自然由其承担。[1] 从现有的司法判例来看，疑义可能产生于不同条款前后矛盾的表述。如在北京银丰新融科技开发有限公司（以下简称"银丰公司"）诉罗某某等劳动争议案[2]中，罗某某与银丰公司签订的劳动合同中约定了罗某某的离职竞业限制义务，但之后签订的职务发明归属及保密和竞业限制协议约定：关于在离职之后的一年内是否需要履行竞业限制义务，若银丰公司选择要求罗某某在离职后履行竞业限制义务，则需与罗某某签订竞业限制补偿金协议。法院认为，就是否需要履行竞业限制义务的约定，存在两种不同解释，应作出对作为格式条款提供方的银丰公司不利的解释。即银丰公司只有在罗某某离职时与其签订竞业限制补偿金协议，方可要求其履行竞业限制义务。

除此之外，依据不同的解释规则解释某一单独条款也可产生两种以上结果。在田某与艾奕康公司的劳动争议中，双方签订的劳动合同约定："双方签订本合同后，未经甲方（艾奕康公司）同意，乙方（田某）不得在合同期内直接或间接地受聘于或服务于其他任何单位或与其他任何单位合作从事与公司或集团公司相同或类似或

---

〔1〕　参见王利明："对《合同法》格式条款规定的评析"，载《政法论坛》1999年第6期。

〔2〕　北京市海淀区人民法院（2016）京0108民初35608号民事判决书。

有竞争冲突的业务。"对于上述合同条款的理解，用人单位艾奕康公司主张该条款禁止以下两方面行为：一是在合同期内直接或间接地受聘于或服务于其他任何单位；二是与其他任何单位合作从事与公司或集团公司相同或类似或有竞争冲突的业务。劳动者田某则主张该条款应当理解为仅是禁止其从事或合作从事与公司或集团公司相同或类似或有竞争冲突的业务，并未禁止其他无利益冲突的兼职行为。深圳市中级人民法院认为，根据原《合同法》第41条（即《民法典》第498条）的规定，对条款有两种以上解释的，应当作出不利于提供方的解释，据此支持了田某的主张。

第四节　格式条款效力审查的排除范围

格式条款订入劳动合同后，并非当然受到格式条款效力审查。如前所述，对于格式条款等未完全体现双方合意的条款，应采纳"底线+均衡"的规制模式。若裁判机关发现系争格式条款违反强行法和公序良俗的底线要求，即可判定其无效，无需进一步审查其是否符合均衡要求。若格式条款文义内容均符合法律（包括行政法规）的规定，亦应不受内容控制审查。原因在于，针对格式条款的内容控制审查，属于司法审查。若将文义内容均符合法律规定的格式条款交由司法审查，无异于赋予了司法机关决定法律是否有效的权力。[1] 而完全体现双方合意的合同条款，则只受

---

〔1〕　BGH, 05.04.1984 - III ZR 2/83（德国联邦普通法院 1984 年 4 月 5 日判决，案例号：III ZR 2/83）；BGH 26.11.1984 - VIII ZR 214/83, NJW 1985, 623（624）（德国联邦普通法院 1984 年 11 月 26 日判决，案例号：VIII ZR 214/83）BGH, 09.05.2001 - IV ZR 121/00147, NJW 2001, 2014（德国联邦普通法院 2001 年 5 月 9 日判决，案例号：IV ZR 121/00147）.

"底线"控制（即以不违反强行法和公序良俗为限），至于其内容是否均衡合理则在所不问。格式条款内容控制作为均衡审查的重要工具，自然应将上述条款排除于审查范围之外。接下来的问题是，如何判断某一条款是"双方完全合意"的结果。对此，域外立法根据不同的条款内容采取了不同的认定方法：对于核心给付条款，一律推定为是双方合意的结果，不受格式条款内容控制约束；对于非核心给付条款，则需证实其为"经个别协商的条款"。

由此可知，以下三类条款即便构成格式条款（由一方单独拟定），亦不受我国《民法典》第 496 条公平原则和第 497 条的约束：①违反强行法和公序良俗的条款；②复述法律规定的条款；③核心给付条款。对于前两项，学界争议不多，以下主要讨论第三项。

所谓核心给付条款，是指描述与确定具体的给付与对待给付的条款（亦称"法律行为要素"或"必要之点"，*essentialia negotii*）。如在买卖合同中，确定标的物质量、数量等的条款为给付说明条款，价格条款则为对待给付条款。在劳动合同中，工作时间、工作地点以及岗位职责为给付说明条款，工资数额则为对待给付条款。给付说明条款与价格条款之所以不受格式条款的效力审查，原因有二：[1] 首先，具体的给付与对待给付条款，既是当事人签订合同的重要动机，也是合同成立的最低要求。格式条款相对人之所以决定接受合同中的格式条款，也必然是考虑并接受了合同中的"给付与对待给付"。也即，"描述与确定给付与对待给付的条款"体现了双方当事人的完全合意，不符合格式条款的构成要件。其次，给付内容与价格通常由市场机制（供求关系）平衡和

---

　〔1〕　Stoffels, Schranken der Inhaltskontrolle, JZ 2001, 843（847 ff.）.

调整，即便因垄断等原因造成价格扭曲，亦应通过反垄断法或价格管制等方式干预。

在劳动关系中，用人单位的主合同义务为支付劳动报酬[1]，劳动者的主合同义务为劳动给付，即按照劳动合同所要求的项目、时间、地点、方式、定额和质量，亲自完成劳动任务之义务。[2]基于此，劳动合同中直接规定劳动合同期限、工作内容、工作地点、工作时间和劳动报酬的条款应视为核心给付条款，并应排除于审查范围之外。值得注意的是，核心给付条款并不等同于我国《劳动合同法》第17条第1款规定的劳动合同必备条款。根据该条规定，除上述条款外，劳动合同应当具备的条款还应包括用人单位和劳动者的基本信息（第1项和第2项），社会保险（第7项），劳动保护、劳动条件和职业危害防护（第8项）以及法律、法规规定应当纳入劳动合同的其他事项。以上内容之所以不属于核心给付条款，理由在于：首先，缴纳社会保险和提供相应的劳动条件、劳动保护措施和职业危害防护措施属于用人单位的法定义务，其内容多由法律直接规定。因此，涉及该项内容的条款，如低于法定标准，则会因违反强行法规定而被直接判定为无效；如条款内容是对法律规定内容的重复，则构成复述条款而不受内容控制审查。其次，若规章制度中规定了高于法定标准的劳动条件和劳动保护措施，该条款亦不构成核心给付条款。因为劳动条件、劳动保护措施和职业危害防护措施旨在保护劳动者的身体权和健康权，而身体权和健康权属于劳动者的固有利益。按合同法的一般理论，对债权人（劳动者）固有利益的保护，属于债务人

---

〔1〕 王全兴：《劳动法》（第四版），法律出版社2017年版，第117页。

〔2〕 王全兴：《劳动法》（第四版），法律出版社2017年版，第96页。

（用人单位）的附随义务。[1]因此，我国《劳动合同法》第17条第7项和第8项涉及的实际为用人单位的附随义务。[2]最后，我国《劳动合同法》第17条第1款的规定意旨在于在发生争议时为保护劳动者的利益提供便利，而非劳动合同成立的前提条件。[3]

一、核心给付条款的本质特征：可被市场机制自发调节

判断系争条款是否属于"核心给付条款"，不应拘泥于其在合同中的位置。例如，在单独签订的竞业限制协议中，竞业限制的期限、地域、领域及其经济补偿金是否能够作为竞业限制协议的核心给付条款而免于格式条款效力审查，这一问题曾在德国法学界引发争议。有学者认为，竞业限制的期限、地域、领域和经济补偿金是协议是否为竞业限制协议的决定性条款，构成该协议的给付与对待给付条款。因此，若竞业限制协议并未作为劳动合同的附件，而是在劳动合同解除或终止时单独签订，上述条款即构成核心给付条款，不应受到格式条款的效力审查。[4]这一观点得到了部分法院的认同。[5]另一些学者则认为，即便竞业限制协议

---

〔1〕　韩世远：《合同法总论》（第四版），法律出版社2018年版，第347页；崔建远：《合同法总论》（上卷）（第二版），中国人民大学出版社2011年版，第242页；迟颖："我国合同法上附随义务之正本清源——以德国法上的保护义务为参照"，载《政治与法律》2011年第7期。

〔2〕　郑尚元：《劳动合同法的制度与理念》，中国政法大学出版社2008年版，第136—153页。

〔3〕　信春鹰、阚珂主编：《中华人民共和国劳动合同法释义》（第2版），法律出版社2013年版，第53页。

〔4〕　Bauer/Diller：Wettbewerbsverbote，C. H Beck Verlag 2019，S. 152；Laskawy：Die Tücken des nachvertraglichen Wettbewerbsverbots in Arbeitsrecht，NZA 2012，1011，1014.

〔5〕　LAG Rheinland-Pfalz v. 3. 8. 2012-9 Sa Ga 6/12，NZA-RR 2013，15（德国莱法州劳动法院2012年8月3日第9 Sa Ga 6/12号判决书）；LAG Baden-Württemberg v. 30. 1. 2008-10 Sa 60/70，NZA-RR 2008，508（德国巴登符腾堡州劳动法院2008年1月30日第10 Sa 60/70号判决书）.

可以在时间和形式上脱离劳动合同单独签订，但其签订的基础和目的仍是竞业限制协议双方当事人的劳动关系。[1] 因此，判断系争条款是否属于核心给付条款，不仅应考虑条款所在的合同，还应考虑其所处的法律关系。[2]

依笔者之见，某一条款是否属于核心给付条款，取决于其内容是否可通过市场机制自发调节。对于单独协商的竞业限制协议而言，竞业限制的内容和经济补偿金虽然在逻辑上可构成该协议的给付和对待给付条款，但就市场调节机制而言，该协议与一般意义上的民事合同不可同日而语，因为一般民事合同中给付义务的对象背后往往存在一个具体而真实的市场。例如汽车买卖合同背后是汽车市场，汽车价格即取决于该市场中的供给和需求。即便汽车价格（核心给付条款）由汽车供应商单方拟定，顾客也并未与其进行协商，但只要存在充分竞争，相对方便可比较不同供应商提供的汽车品牌、服务以及价格。[3] 如果某一给付和对待给付偏离了均衡价格，则会因为缺乏竞争力而被市场淘汰。正是由于通过市场自发调节即可使供需达到均衡状态，法律自然无需关注每一具体交易中的给付与对待给付是否均衡（例外：显失公平中的暴利规制[4]）。[5] 对于竞业限制而言，劳动者几乎不可能在不同的用人单位之间比较竞业限制内容和经济补偿金的数

---

〔1〕 Vgl. Jens Koch, Das nachvertragliche Wettbewerbsverbot im einseitig vorformulierten Arbeitsvertrag, RdA 2006, 30; Sudabeh Kamanabrou, AGB-Kontrolle und gesetzlich angeordnete geltungserhaltende Reduktion, ZfA 2018, 92, 100.

〔2〕 Jens Koch, Das nachvertragliche Wettbewerbsverbot im einseitig vorformulierten Arbeitsvertrag, RdA 2006, 30.

〔3〕 Vgl. Fastrich, Richterliche Inhaltskontrolle im Privatrecht, C. H. Beck Verlag 2001, S. 76.

〔4〕 关于"显失公平"的梳理详见贺剑："《合同法》第 54 条第 1 款第 2 项（显失公平制度）评注"，载《法学家》2017 年第 1 期。

〔5〕 解亘："格式条款内容规制的规范体系"，载《法学研究》2013 年第 2 期。

额。换言之，市场机制无法对这样的核心给付条款发挥作用。竞业限制内容和经济补偿金数额受格式条款效力审查的正当性不言自明。

二、核心给付条款的排除范围：变更核心给付内容的条款

值得注意的是，并非所有与核心给付相关的条款都应免于格式条款的内容控制。一些条款内容虽然与核心给付相关，但并不是描述或确定核心给付，而是设置了变更核心给付的条件。如在马某与中国人民财产保险股份有限公司南京市城北支公司保险纠纷案[1]中，双方在保险合同中约定：被保险机动车方的损失应当由第三方负责赔偿的，无法找到第三方时，免赔率为 30% 。这一条款虽与保险合同的核心给付——赔付保险金——相关，但就机动车保险合同本身而言，实践中投保人关注和比较的对象只是投保金额和发生机动车损害后的赔付金额。从常理出发，第三人负责赔偿的损失亦属于"机动车损失"的情形，是故投保人难以考虑到"第三人责任"对赔付金额的影响，更遑论将其纳入比对范围。由此可知，只有投保金额和发生车损时的赔付金额才能构成该合同的给付与对待给付的内容。而本案系争条款的实质是对特殊情形下赔付金额的变更（按合同约定 70% 的数额赔付），不属于核心给付条款。

在劳动合同中，变更核心给付内容的条款多表现为用人单位调岗和罚款。从表面上看，用人单位调岗和罚款似乎属于用人单位自主用工的范畴，但工作地点和劳动报酬属于劳动合同的给付，均是劳动合同的核心给付内容，在此情形下，调岗（变更工作地点）、罚款（减少工作报酬）都是对核心给付内容的变更。司法实

---

[1] 南京市鼓楼区人民法院（2010）鼓商初字第 618 号民事判决书。

践中裁判机关干预用人单位调岗[1]和罚款[2]的正当性正源于此。

第五节　格式条款的效力审查

格式条款的效力审查，又称内容控制（Inhaltskontrolle），意指裁判机关根据法定要求审查订入合同的格式条款是否符合法定要求，并据此判断其是否有拘束力的行为。内容控制实体法构建的方向和具体细节（具体法律规则），体现了法律对"不公平条款"进行干预时的价值选择。因此，具体法律规则能否类推适用至劳动合同，需要考察其所调整的对象和背后的价值选择。有鉴于此，本节首先全面梳理格式条款效力审查的制度细节及其在消费合同领域的适用，其次对价值和调整对象进行类比，分析某一法律规则被劳动法借鉴的可能性和可行性。

一、"免除或者减轻其责任、加重对方责任、限制对方主要权利"不宜作为评价标准

法律对格式条款的效力审查的规定，最早见于 1993 年颁布的《中华人民共和国消费者权益保护法》第 24 条："经营者不得以格

---

〔1〕　学理上对条款的控制分为内容控制和行使控制。以用人单位调岗为例，首先应审查劳动合同中的调岗是否符合《民法典》第 496 条公平原则的要求，若条款本身（如合同约定用人单位可在"全国"范围内调岗）因不符合要求而无效，据此作出的调岗行为自然无效。但此类情形在我国司法实践中并不多见。较为常见的是，劳动合同约定的调岗本身有效，但用人单位依此行使调岗权不合理，此时应审查用人单位对调岗权的"行使"是否"合理"。我国司法实践中形成的规则（调岗需为生产经营所需、调整工作岗位后劳动者的工资水平与原岗位基本相当、调岗不具有侮辱性和惩罚性等）即为行使控制细则。

〔2〕　详细分析请见本书第三章第三节。

式合同、通知、声明、店堂告示等方式作出对消费者不公平、不合理的规定，或者减轻、免除其损害消费者合法权益应当承担的民事责任。格式合同、通知、声明、店堂告示等含有前款所列内容的，其内容无效。"1999 年颁布的《合同法》第 40 条规定了格式条款的无效情形："……提供格式条款一方免除其责任、加重对方责任、排除对方主要权利的，该条款无效。"同时该法第 39 条中的公平原则（"提供格式条款的一方应当遵循公平原则确定当事人之间的权利和义务"）起到了概括条款的兜底作用。《民法典》第 497 条第 2 项增加了"不合理"的要件，同时将"免除其责任"改为"免除或者减轻"，将"排除"改为"限制"。值得注意的是，在司法适用中，判断是否存在"免除或者减轻""加重"或者"限制"的情形，其实依赖于对当事人权利、义务和责任的分配。司法机关实际上需先确定权利、义务和责任的"合理"分配方法，再以此为标准判断格式条款对责任的分配是否有"免除或者减轻""加重"的情形。由此可知，《民法典》第 497 条与其说是规定了格式条款效力的判断标准，不如说是规定了无效格式条款的表现形式，可以作为裁判依据，但不宜作为效力判断标准。[1]

二、效力评价标准：任意法规范与合同目的

如前所述，我国法秩序中的公平原则承载的法律基本思想为均衡。那么，裁判机关对格式条款效力审查的重点即为权利和义务（利益和负担）的分配是否均衡。值得注意的是，因格式条款制度的目的之一是维护市场秩序，故格式条款效力审查并不追求"个案中权利义务的均衡"，而是追求某类交易形态中一般合同相

---

〔1〕　相似观点参见贺栩栩："格式条款效力审查"，载朱庆育主编：《中国民法典评注·条文选注》（第 2 册），中国民主法制出版社 2021 年版，第 45—46 页。

对人的利益和负担的均衡。[1] 换言之，裁判机关评价利益和负担是否均衡应考虑系争条款通常会影响的利益，而非个案中因当事人的特殊情形而被合同条款影响的利益状况。

《德国民法典》第 307 条第 1 款和第 2 款正是源于上述理念。与我国民法不同，德国民法中承担"均衡"功能的法律原则为诚实信用原则（Treu und Glauben）。与此相应，《德国民法典》第 307 条第 1 款规定："如果一般交易条款违反了诚实信用原则而给相对方造成不合理的利益减损（unangemessene Benachteiligung），该条款无效。"这一条款被称为一般交易条款内容控制的"概括条款"。《德国民法典》第 307 条第 2 款则规定了两种可被推定构成"不合理的利益减损"的情形：①偏离任意法规范的基本理念；②排除使用方的主要义务或限制相对方的主要权利，以致威胁到合同目的的实现。

受德国法影响，我国一些学者建议我国司法实践采纳《德国民法典》第 307 条第 2 款以及德国法院据此发展出来的考量因素。[2] 对此笔者表示赞同，原因如下：其一，我国和德国民法中任意法的功能相似，即填充当事人的意思内容，保证合同的顺利履行，从而使当事人在磋商时将精力集中于合同主要条款，节省交易成本。[3] 为此，立法者于制定法律前，通常均已综合比较衡量当事人所涉之利益，并适当调整，最后以条文表现其均衡状态。[4] 格

---

[1] Vgl. Wurmnest, in：Münchener Kommentar zum BGB, C. H. Beck Verlag 2022, § 307, Rn. 72.

[2] 参见贺栩栩："格式条款效力审查"，载朱庆育主编：《中国民法典评注：条文选注》（第 2 册），中国民主法制出版社 2021 年版，第 48—56 页。

[3] ［德］卡尔·拉伦茨：《正确法：法伦理学基础》，雷磊译，法律出版社 2022 年版，第 70 页。

[4] Vgl. Wurmnest, in：Münchener Kommentar zum BGB, C. H. Beck Verlag 2022, § 307, Rn. 73.

式条款与任意法规范不相符即是打破任意法安排的"均衡状态"。其二，当事人从事某一类型交易，皆是为实现某种目的（即合同目的），因此，围绕合同目的而分配的权利和义务反映的是当事人期望的利益和负担。由此可知，任意法规范和合同目的完全可充当格式条款的内容评价标准。

三、任意法规范标准在劳动合同中的适用

与一般民商事领域相比，这一标准在劳动合同中的适用空间较小，主要是因为劳动法领域的制定法多为强行法。但随着新兴事物的不断涌现，原本一些不可偏离的规定逐渐不适应经济的需求。如依《劳动合同法》第 23 条第 2 款的规定，用人单位应在竞业限制期限内，按月给予劳动者经济补偿。结合《工资支付暂行规定》第 5 条[1]的规定，这里的经济补偿应以金钱形式支付。合同条款约定以实物代替金钱支付经济补偿，构成对强制性规定的违反而直接归于无效。随着我国上市公司的增多，以"股权激励"代替金钱支付经济补偿的做法并不鲜见，若该做法因违背强制性规定而一律无效，既无法达到保护劳动者利益的目的，也会阻碍劳动力市场中创新机制的发展。因此，较为妥当的做法是将经济补偿的"金钱形式"定位为任意法，"股权激励"不违背《劳动合同法》第 23 条第 2 款包含的公平法律思想时，其效力应得到法律认可。

在个案中，运用任意法规范审查格式条款效力的步骤为：首先，审查格式条款是否与任意法规范不一致。其次，审查格式条款是否偏离任意法规范的基本理念，即系争格式条款是否会影响

---

[1] 《工资支付暂行规定》第 5 条："工资应当以法定货币支付。不得以实物及有价证券替代货币支付。"

劳动者按任意法规范应获利益的实现，或增加了劳动者按任意法规范本不应有的负担。如用人单位给劳动者发放的股票期权可随时兑换为货币，则以股票期权代替金钱支付经济补偿的条款并未偏离《劳动合同法》第 23 条第 2 款的基本理念。最后，认定系争格式条款与任意法规范的基本理念相悖后，审查其是否与合同其他条款发生叠加效应与补偿效应，从而对双方当事人就同一事项的整体利益产生影响。若某一格式条款本身的权利义务分配并未给劳动者造成不合理的利益减损，然而结合其他格式条款或者个别协商条款，损害劳动者整体利益或增加劳动者负担的，则该条款仍然因不符合公平原则而归于无效（叠加效应）。如用人单位发放的股票期权虽然可随时兑换为货币，但劳动合同的其他条款设定了除履行竞业限制义务外的其他兑换条件，则会影响劳动者获得经济补偿。相反，若某一格式条款虽然不合理地减损了劳动者利益，但其他条款对同一事项的利益给予了补偿，则该格式条款仍然有效（补偿效应）。

四、合同目的标准在劳动合同中的适用

在审理一般民商事案件时，德国法学界在总结法院判决的基础上，进一步细化了合同目的的考量因素：条款目的、风险控制、保险保障、均衡原则、价格因素和第三人利益等。这些考量因素可化为规则形式，从而在某一类型案件中直接适用。我国裁判文书虽未直接采用以上表述，但其说理部分仍然体现了上述考量因素。[1] 如在顾骏诉上海交行储蓄合同纠纷案[2]中，上海市第二

---

〔1〕 详细论述参见贺栩栩："格式条款效力审查"，载朱庆育主编：《中国民法典评注：条文选注》（第 2 册），中国民主法制出版社 2021 年版，第 50—56 页。

〔2〕 参见上海市第二中级人民法院（2004）沪二中民一（民）初字第 19 号民事判决书。该案刊登于《中华人民共和国最高人民法院公报》2005 年第 4 期。

中级人民法院的判决理由[1]即采用了风险控制因素。因为劳动合同中较少涉及购买保险的比较，保险保障对于规章制度审查的意义较小，又因为劳动合同带有人身属性，价格因素的适用较之于一般民商事合同也更应谨慎。本部分主要考察条款目的规则、风险控制规则、均衡原则和价格因素在劳动合同中的适用。

1. 条款目的规则

条款目的决定了利益的基本分配状况，若系争条款内容与条款目的决定的利益分配不相符，则可能会被判定为无效。这一规则可为判定提成式工资条款的效力提供说理基础。如某些劳动合同规定，销售岗位劳动者的提成以完成销售任务和销售回款为前提条件。此类条款的效力取决于劳动者的岗位职责（即劳动合同的目的）。若劳动者的岗位职责仅为完成销售任务，不负责风险控制，则该劳动合同的目的仅为"在一定时间内完成一定的销售任务"，不包括"与客户签订的合同如期得到履行"。在此种情形下，以销售回款为前提条件的提成则将本该属于用人单位的风险评估和承担责任转嫁至劳动者，应归于无效。[2]但若劳动合同约定劳动者同时负责销售和风险控制，则该规定不违背合同目的，应为有效。

2. 风险控制规则

在判断合同条款对当事人的利益和负担分配是否合理时，需

---

〔1〕　上海市第二中级人民法院在判决书中写道："相对储户来讲，推出自助银行和 ATM 机的商业银行，有条件了解自助银行和 ATM 机的构造和工作原理，有机会及时掌握通过自助银行和 ATM 机实施各种犯罪的情报，有能力改进和加强自助银行和 ATM 机的功能……（因此）一概以'凡是通过交易密码发生的一切交易，均应视为持卡人亲自所为，银行不应承担责任'这一格式条款作为银行的免责理由进行抗辩，把一些本应由银行承担的责任也推向储户，无疑加重了储户责任，有违公平原则，被告的这一抗辩理由难以成立。"

〔2〕　参见程立武："提成的认定和法律适用"，载《中国劳动》2015 年第 7 期。

考虑由谁预防和控制风险最佳，即最小成本规则。[1]这一规则可为当事人的风险分配提供明晰的标准。在张建明诉京隆科技（苏州）公司支付赔偿金纠纷案[2]中，法院即应权衡用人单位预防上下班通勤事故的利益和劳动者自由选择交通工具的利益。若采用风险控制规则的考量标准，法院则应进一步判定：哪一方当事人应采取措施预防上下班途中的通勤事故？是劳动者还是用人单位？在本案中，若此风险由用人单位预防和控制，则用人单位需配备定点班车，为此花费的经济成本和管理成本是否大大高于劳动者为此承担的成本，主要取决于劳动者乘坐合法运营车辆的便捷程度和经济成本。若在通常情形下，劳动者可在合理等待时间内乘坐公共交通工具或合法出租车，其承担的成本小于用人单位，则"禁止乘坐非法运营车辆上下班"的规定为有效条款。若用人单位处于公共交通欠发达之地，且该地点存在"打车难"情况，劳动者为避免这一风险，不得不花费大量的时间成本或经济成本，则通勤风险由用人单位预防和控制更为合理。

3. 均衡原则

对于双务合同而言，均衡原则是合同履行时的一项重要原则。值得注意的是，均衡原则并非指给付标的和对待给付的价值符合客观公平（如市场平均价格），而是指合同其他条款不可导致原先约定的给付与对待给付严重失衡。[3]由此推出的"均衡规则"为：合同条款导致合同约定的给付与对待给付严重失衡的，该条款无效。例如，用人单位在规章制度中规定了年终奖的发放规则，是

---

[1] Stephen G. Gilles, "Negligence, Strict Liability, and the Cheapest Cost-Avoider", 78 *Virginia Law Review* (1992), p. 1291.

[2] 该案刊登于《中华人民共和国最高人民法院公报》2014 年第 7 期。

[3] 参见上海市第二中级人民法院（2012）沪二中民一（民）终字第 879 号民事判决书；Vgl. BGH 30. 11. 1993, XI ZR 80/93, NJW 1994, 318。

对劳动给付和对价给付（劳动报酬）的约定。当劳动者按约定履行劳动给付义务时（如完成了一定的工作量，达到了一定的绩效标准），应按约定获得年终奖。用人单位若在规章制度中规定，若劳动者在发放年终奖期限之前离职，上一年度年终奖不予发放，即导致原先约定的给付与对待给付失衡，该规定应被判定为无效。[1]

---

[1]　房玥诉中美联泰大都会人寿保险有限公司劳动合同纠纷案，最高人民法院183号指导案例。

第三章
劳动规章制度法律定位
和效力审查

第一节　问题的提出

　　劳动规章制度是社会化大生产模式下劳动关系继续性和从属性的产物。虽然劳动者与用人单位的法律地位平等，但劳动关系一旦建立，劳动者便成为用人单位组织体的一员。[1]在履行劳动合同的过程中，用人单位获得法律赋予的指示权（具体体现为调配、组织、指挥、任务质量把控和监督等权利）。劳动者负有听从用人单位指示之义务。在实践中，劳动者履行义务的对象大多数为代表用人单位实施指示行为的管理者。但用人单位的

---

　　[1]　《劳动与社会保障法学》编写组编：《劳动与社会保障法学》（第二版），高等教育出版社 2018 年版，第 28 页。

指示权不止于对工作的具体指示，还在于为同一空间的所有参与者建立统一的劳动秩序。[1] 只有通过企业的组织和管理，才能为各个劳动者履行给付义务创造基本条件，才能维持企业的生存发展。相比于与每个劳动者单独签订劳动合同，用人单位建立统一的规章制度（如针对全体员工的性骚扰内部申诉机制、薪资计算方法和奖惩规则等）显然更为合理与经济。除从属性外，劳动关系还具有继续性。劳动合同的履行是否顺利，不仅取决于双方主体的履行能力，还取决于双方的信任程度。为降低考察成本，设定合理的行为管理规则成为履行劳动合同的必要保障，这是用人单位用人自主权和劳动规章制度普遍获得认可的理论依据和实践依据。

劳动合同的合作性给了管理者和同事影响劳动者人身权益和精神状态的机会，劳动合同的从属性特征影响了劳动者自我发展、照顾家庭和参与社会的状态，而劳动合同的继续性又使得上述影响的重要程度显露无遗。由是，劳动合同绝非仅为一方提供劳务、一方支付报酬的简单交易，而是合同主体权益互相影响的场域，更是各主体参与社会活动和实现自我价值的重要媒介。法律调控劳动规章制度的正当性不言而喻。

从《劳动法》到《劳动合同法》，辅以司法解释和地方司法指导文件，我国现行法对劳动规章制度的调控规则主要集中于其产生程序[2]。然而，现行法对劳动规章制度的内容规制，从学术探

---

[1]　郑尚元、王艺非："用人单位劳动规章制度形成理性及法制重构"，载《现代法学》2013 年第 6 期。

[2]　如《劳动合同法》第 4 条要求用人单位在制定、修改或者决定直接涉及劳动者切身利益的规章制度或者重大事项时，应当经职工代表大会或者全体职工讨论，提出方案和意见，与工会或者职工代表平等协商确定，并公示或告知给劳动者。由于实践中大量用人单位的劳动规章制度并未完全遵守上述民主程序，一些地方降低了上述民主程序的要求。如 2009 年《江苏省高级人民法院、江苏省劳动争议仲裁委员会关于审理劳

讨到司法实务众说纷纭，至今未有定论。部分地方司法指导文件对其内容则要求"不违反法律、行政法规的规定和不存在明显不合理的情形"，但并未进一步解释"明显不合理"的内涵和外延。有学者和法官认为，《劳动法》和《劳动合同法》仅授权法院审查劳动规章制度的合法性，合理性审查有越权之嫌。有的学者[1]和实务工作者[2]赞同法官对劳动规章制度的合理性审查内容是否违反公平原则，是否不恰当地限制劳动者权利。还有学者[3]和法官[4]认为，劳动规章制度应定性为格式条款，内容存疑时应对用人单位作不利解释，并依《合同法》第 39 条和第 40 条（《民法典》第 496 条和第 497 条）的规定审查规章制度的效力。

从应然层面，规制劳动规章制度的方式之争实质上是利益平衡

（接上页）动争议案件的指导意见》第 18 条、第 19 条规定，用人单位的劳动规章制度可以未经职工代表大会或者全体职工讨论，但应向劳动者告知或公示。相同规定有：《北京市高级人民法院、北京市劳动争议仲裁委员会关于劳动争议案件法律适用问题研讨会会议纪要》第 36 条，《湖南省高级人民法院关于审理劳动争议案件若干问题的指导意见》第 17 条，《浙江省高级人民法院民一庭关于审理劳动争议案件若干问题的意见》第 34 条、第 45 条和 2008 年《广东省高级人民法院、广东省劳动争议仲裁委员会关于适用〈劳动争议调解仲裁法〉、〈劳动合同法〉若干问题的指导意见》第 20 条。

〔1〕 参见沈建峰："论用人单位劳动规章的制定模式与效力控制"，载《经济法学（劳动法学）》2016 年第 7 期。

〔2〕 朱忠虎、严非："法院可以而且应当审查用人单位规章制度的合理性——与陈伟忠同志商榷"，载《中国劳动》2013 年第 1 期；程学华："以泄露薪资信息为由开除员工构成违法解除劳动合同"，载《人民法院报》2014 年 6 月 5 日，第 7 版。最高人民法院则在 2014 年以公报案例的形式肯定了合理性审查。见"张建明诉京隆科技（苏州）公司支付赔偿金纠纷案"，载《中华人民共和国最高人民法院公报》2014 年第 7 期。

〔3〕 参见高圣平："用人单位劳动规章制度的性质辨析——兼评《劳动合同法（草案）》的相关条款"，载《法学》2006 年第 10 期；郑尚元、王艺非："用人单位劳动规章制度形成理性及法制重构"，载《现代法学》2013 年第 6 期。

〔4〕 刘懿："浅谈用人单位规章制度格式合同说在司法实践中的适用"，载《法制与社会》2015 年第 10 期。

方式之争的映射，即法律应如何平衡用人单位组织秩序和劳动者利益保护的需求。从比较法的经验来看，各国现有的平衡模式并不是法律文本逻辑演绎的结果，而是多种社会因素（如劳资共决观念、工厂协议制度、工会体制以及国家干预经济关系等）共同作用的结果。[1] 但在现行法适用层面，对劳动规章制度的法律定性，是启动各种规制工具的逻辑前提。为此，本章首先从劳动法的基本逻辑出发，以劳动法的价值理念为基础，探究劳动规章的法律性质；其次，论证劳动规章内容控制的整体架构；最后，以上述结论为基础，针对司法实践中争议较多的规章内容——用人单位罚款条款，提出罚款条款的规制思路。

第二节　私法自治视角下劳动规章制度的法律定位

一、劳动规章制度的本质特征：资方单决还是劳资共决？

探究某一事项的法律性质，首先需把握该事物的本质特征。虽然本质特征是一种客观事实描述，但选取何种描述角度，则取决于其最终目的。之所以要探究劳动规章制度的法律性质，是因为要选择合适的内容控制模式。如前所述，劳动合同条款不同的规制机制取决于其形成时的合意度。因此，描述劳动规章的本质特征，应着重分析劳动规章制度形成过程中劳资双方的影响力，而决定各自影响力的正是《劳动合同法》第 4 条规定的程序机制。

---

〔1〕　沈建峰："论用人单位劳动规章的制定模式与效力控制"，载《经济法学（劳动法学）》2016 年第 7 期。

1. 文义解释

解释法律规范，应遵循基本的法律解释方法（即文义解释、体系解释、历史解释和客观目的解释）。[1]根据《劳动合同法》第 4 条第 2 款的规定，用人单位在制定、修改和决定直接涉及劳动者切身利益的规章制度或者重大事项时，"应当经职工代表大会或者全体职工讨论，提出方案和意见，与工会或者职工代表平等协商确定。"笔者认为，该条虽然保证了职工代表大会或工会在劳动规章制定过程中的"参与权"，但劳动规章仍是用人单位单独决定的结果，具体理由如下：从该条文字表述来看，用人单位听取职工代表大会或全体职工的意见后，与其"协商"确定劳动规章制度。"协商"的日常含义为，双方或多方主体为取得一致意见而共同商议。换言之，"协商"重在过程，而非最后达成一致的结果。这一含义在我国其他部门法中也得到了印证。如根据《中华人民共和国消费者权益保护法》第 39 条的规定，消费者与经营者发生权益争议的解决途径之一为"与经营者协商和解"。若"协商"已包含双方取得一致意见之意，该条表述为"与经营者协商"足矣，无须另加"和解"二字。问题在于，用人单位依《劳动合同法》第 4 条听取方案、意见并与职工代表大会或工会商议后，可单独"确定"或应与其共同"确定"（即"确定"的主语是"用人单位"还是"用人单位、职工代表大会或工会"），均符合文字表述。为厘清《劳动合同法》第 4 条中"确定"一词的主语，解释工作进入第二阶段——历史解释（立法者原意解释）。

2. 历史解释（立法者原意解释）

若根据词组一般含义或特殊含义（如法学领域内的含义）及一般的语法规则，仍然会得出不同的解释结果，就会启动历史解

---

〔1〕 梁慧星：《民法解释学》（第四版），法律出版社 2015 年版，第 216—224 页。

释。[1]因为解释法条终究为适用法条服务，而适用法条的最终目的又为实现法条的规范意旨，欲推知立法者意思，须探寻立法者或准立法者于制定系争法条时所作的价值判断及其所欲实现的目的。因此，在作历史解释时，查阅系争法条起草的历史文献（如立法理由书、各项会议记录和草案说明等）为必做功课。我国立法虽无附具立法理由书和公开审议记录的制度，[2]但仍可从制定法不同的草案版本、新闻报道里的民众意见及其他相关资料中推知立法者态度。《劳动合同法》第4条的相关内容，在整部法律的制定过程中恰好处于争论中心，而其从一审稿到二审稿的变化，也给我们推知立法者的价值选择提供了支撑。

在我国《劳动合同法》立法过程中，曾采纳德国专家多伊普勒教授的意见[3]，将劳动规章制度规定为劳资共决的产物。[4]如一审稿第5条第2款规定，用人单位的规章制度中直接涉及劳动者切身利益的事项应当经工会、职工大会或职工代表大会讨论通过，或者通过平等协商作出规定。为落实该款，一审稿第51条第1款明确规定："依照本法应当经工会、职工大会或者职工代表大会讨论通过或者通过平等协商作出规定的事项，用人单位单方面作出规定的无效，该事项按照工会、职工大会或者职工代表大会

---

〔1〕　[德]卡尔·拉伦茨：《法学方法论》（全本·第六版），黄家镇译，商务印书馆2020年版，第413页。

〔2〕　梁慧星：《民法解释学》（第四版），法律出版社2015年版，第223页。

〔3〕　Däubler, Arbeitsrecht in China—eine Momentaufnahme, S. 10（多伊普勒《中国劳动法———一个时刻记录》，第10页）。在这篇文章中，多伊普勒教授记录了他作为德国专家为中国《劳动合同法》的制定提供咨询意见的过程。

〔4〕　在德国法中，与我国劳动法中"用人单位规章制度"大致对应的概念为"工厂协议（Betriebsvereinbarung）"。德国《企业部门组织法》在社会、人事和经济三大领域内，规定了应由职工和企业共同决定的具体事项。因此，德国工厂协议中的大部分内容为劳资共决的产物。详细介绍可见沈建峰："论用人单位劳动规章的制定模式与效力控制"，载《经济法学（劳动法学）》2016年第7期。

提出的相应方案执行。"由此推知，立法者对规章制度产生程序的态度为"用人单位和职工代表大会或工会共同确定"。然而一审稿公布后，上述条款引发了较大争议。一些企业代表认为，用人单位在制定规章制度和决定重大事项时只要听取工会和职工的意见就可以了，规定经工会、职工大会或职工代表大会讨论通过，一旦意见不统一，势必造成规章制度或重大事项久拖不决，用人单位的管理将无所适从。这样规定，限制了用人单位的经营自主权，实践中无法操作。[1] 之后，立法者综合考虑各方意见，在二审稿中删除了一审稿第 51 条第 1 款。由此推知，用人单位单方作出的规定不再无效。[2] 一审稿第 5 条第 2 款（现《劳动合同法》第 4 条）中的程序由"民主"变为"先民主后集中"，即直接涉及劳动者切身利益和重大事项的规章制度由用人单位充分听取意见后再（单独）确定。由此可见，至少《劳动合同法》的立法过程显示，立法者原意更倾向于"资方单决"，而非"劳资共决"。

3. 客观目的解释

仅凭立法意图来解释法律文本并非绝对正当。因为社会是不断变迁的，所以通过立法形成的法律规则迟早会滞后于现实。然而，法律不能因为要适应社会变迁的需要就启动立法程序，因为频繁改动往往会损害法律文本的权威和人们对法律的信任。为缓解历史与当下的张力，客观目的解释应运而生。尽管社会的变迁使具体的法律规则变得不合时宜，但立法者通过制定法要实现的整个法秩序之目的是不会变的，如"保卫和平、公正解决争议、在尽可能周全地考虑处于竞争关系的各种利益基础上实现法律调

---

〔1〕 信春鹰、阙珂主编：《中华人民共和国劳动合同法释义》（第 2 版），法律出版社 2013 年版，第 15 页。另外，多伊普勒教授的记录也印证了这一点。

〔2〕 沈同仙："试论程序瑕疵用人单位规章制度的效力判定"，载《政治与法律》2012 年第 12 期。

整的均衡性"〔1〕等。基于此，人们在解释法律文本时，亦应考虑现行法整体法秩序力求实现的目的，此即客观目的解释。换言之，客观目的解释致力于实现法律在当下法秩序中理性、正确与恰当的意思。〔2〕

当然，"理性""正确""恰当"仍是高度抽象的概念。为给法律解释提供可操作的标准，客观目的解释发展出了一项重要原则——同类事项同类处理。〔3〕对价值评价上相同的事实构成，应作出同样的评价（赋予相同的法律后果）。也即，依客观目的论的标准解释某一具体法律规则的思维过程为：①依文义解释和历史解释，适用该法律规则对某一事项的法律评价（法律后果）为A；②上述事项的同类事项在法秩序中获得的法律评价为B；③判断法律评价A与法律评价B是否相同，若A与B相同，则推断符合客观目的论的解释标准。就此观之，把握事物的本质并判断是否为法秩序中的同类事项，是运用客观目的解释的关键步骤。

尽管同类事项的判断仍然是价值判断，并非客观事实的全部反映，但把握事物本质仍然应以客观事实为基础。回顾劳动关系的发展历史可知，劳动规章起源于规模生产背景下雇主维护劳动秩序和保证生产质量的需要，是雇主单方决定的产物。〔4〕随着工会制度和企业民主制度的发展，一些国家和地区的法律在劳动规章制度中规定了劳动者的参与权，以符合企业民主的要求。劳动

---

〔1〕　［德］卡尔·拉伦茨：《法学方法论》（全本·第六版），黄家镇译，商务印书馆2020年版，第419页。

〔2〕　雷磊："再论法律解释的目标——德国主/客观说之争的剖析与整合"，载《环球法律评论》2010年第6期。

〔3〕　［德］卡尔·拉伦茨：《法学方法论》（全本·第六版），黄家镇译，商务印书馆2020年版，第421页。

〔4〕　李洙德："定型化劳动契约之研究"，中国文化大学中山学术研究所2001年博士学位论文。

规章制度"劳资共决"这一法律性质的确立，至少与完善的工会制度不可分割。也即，在客观事实上，只有劳动者借助完善的工会制度拥有了足以影响劳动规章的客观实力，方能将"劳资共决"的劳动规章制度落于实践。而在我国，实践中很多劳动规章制度并不是职工代表大会和企业协商一致的结果。也正是基于上述事实，一些省和直辖市的司法机构将劳动规章制度的程序性生效条件降至"告知或公示劳动者"。若将《劳动合同法》第4条中的民主程序解读为"劳资共决"，则会在劳动关系实践中产生如下后果：用人单位提交证明"劳资共决"的表面证据后，即应认定劳动规章制度是劳资双方协商一致的结果，司法机构对其只可进行最低限度的合法性审查。换言之，司法机构对劳动规章制度中涉及的劳动者权利的保护力度，将会远小于对格式条款涉及的劳动者权利的保护力度。毫无疑问，这一方面违背"同类事项同类处理"的原则，另一方面在事实上对劳动者更为不利。由此可见，将《劳动合同法》第4条中的"协商确定"解读为用人单位"单独确定"更符合法秩序的目的。

通过解释《劳动合同法》第4条，可以得出如下结论：劳动规章制度是由用人单位单方制定的产物，劳动者有一定的参与权，但无最终决定权。这一权利配置使得劳动者缺乏实质影响劳动规章内容的能力和机会。由此推知，用人单位单方决定是我国劳动规章重要的事实特征。

二、私法自治：劳动规章制度法律定位的基石

劳动规章制度究竟具有何种法律性质，学界众说纷纭，未有定论。《劳动合同法》出台前后，我国理论界提出了"法规说""集体合意说""定型化契约（格式条款）说""根据二分说""法律效力否定说"和"劳动力支配转移说"等丰富而又截然不同的

学说〔1〕。近年来，国内学者逐渐摆脱了对域外学说的窠臼，立足于我国的立法和司法，以立法论和解释论的不同视角分析了我国现行法下劳动规章制度的法律性质，并拓宽了比较研究的范围。有学者认为，劳动规章制度是一种"修正的规范"；〔2〕有学者以内容为标准，将劳动规章制度分为抽象指令（行为规范）和格式条款；〔3〕有学者从法定生效要件出发，将《劳动合同法》第4条中的"劳动规章制度"定位为格式条款。〔4〕

　　探究某项事物的法律性质，除需把握其事实特征外，也应考察其赖以存在的基础。既然劳动规章是劳动合同履行中用人单位组织和管理的重要工具，其定位自然应符合劳动合同法的基本理念。劳动法律制度仍是以市场为基础构建起来的制度体系，调整商品交换关系的私法理念和基本规则仍然发挥着主导作用，〔5〕以私法自治为基础的合同法基本原理仍是劳动合同法的逻辑主线。〔6〕因此，定位劳动规章制度的法律性质，亦应在私法自治的框架之内，否则，即便劳动规章的事实特征符合某法律概念的构成要件，

〔1〕　早期各种学说的详细梳理可参见董保华、陈亚："用人单位规章制度的法律性质及立法模式"，载董保华主编：《劳动合同研究》，中国劳动社会保障出版社2005年版，第166—170页；郑尚元：《劳动合同法的制度与理念》，中国政法大学出版社2008年版，第343—346页；朱军："论我国劳动规章制度的法律性质——'性质二分说'的提出与证成"，载《清华法学》2017年第3期。

〔2〕　沈建峰："论用人单位劳动规章的制定模式与效力控制"，载《经济法学（劳动法学）》2016年第7期。

〔3〕　朱军："论我国劳动规章制度的法律性质——'性质二分说'的提出与证成"，载《清华法学》2017年第3期。

〔4〕　阎天：《知向谁边——法律与政策之间的劳动关系》，中国民主法制出版社2022年版，第45—83页。

〔5〕　郑尚元：《劳动合同法的制度与理念》，中国政法大学出版社2008年版，第13、21页。

〔6〕　《劳动与社会保障法学》编写组编：《劳动与社会保障法学》（第二版），高等教育出版社2018年版，第16页。

亦会出现与其他法规范不相容的结果。如有学者将劳动规章定义为"法则"，[1] 虽然与用人单位单方决定权相匹配，却与我国《宪法》和《立法法》的规定不相容。因为只有法律明确授权的机构才拥有制定法律法规的权限，作为私主体的用人单位显然不具备立法权。[2] 再如有学者受德国集体劳动法中劳动规章"规范说"的启发，将我国劳动规章定位为"修正的规范"。该学说忽略了其在德国法中的存在基础：劳动规章制度"规范化"是德国劳动法在集体合意真实存在的前提下，为解决下述问题而创设的理论，即劳动规章制度是集体合意的产物，若将劳动规章解释为集体契约，则会面临如下问题：合意达成后加入雇主的雇员由于没有达成合意，就不应受其约束。[3] 换言之，雇员加入雇主的时间，决定了其是否参与劳动规章制度的制定。如何使劳动规章对两类不同的雇员具有相同的约束力，是德国集体劳动法必须面对和解决的问题。在我国劳动关系实践中，劳动者无论什么时间加入用人单位，对劳动规章制定的参与程度都极为有限。劳动规章制度的效力来源多为"用人单位的告知或公示"，从形态上可能更接近于"修正的合意"，而非"修正的规范"。

私法自治是指个体基于自己的意思为自己创设法律关系（权利和义务）的原则，体现了法律对自主决定的认可和尊重。[4] 合同之所以对当事人有法律上的拘束力，是因为其是当事人合意的结果。如前所述，劳动规章制度实质上并非双方合意的结果。那

---

〔1〕 参见王俊英、宋新潮："论用人单位劳动规章的法律效力"，载《河北法学》2003 年第 5 期。

〔2〕 侯卓："用人单位规章制度法律效力的三维审思"，载《宁夏社会科学》2015 年第 4 期。

〔3〕 ［德］雷蒙德·瓦尔特曼：《德国劳动法》，沈建峰译，法律出版社 2014 年版。

〔4〕 ［德］维尔纳·弗卢梅：《法律行为论》，迟颖译，法律出版社 2013 年版，第 1 页。

么，在处处强调私法自治和合同自由的市场经济中，该如何论证劳动规章制度对劳动者的约束力？在现行法体系下，主要有两种路径：其一，降低"合意"与"合同自由"的标准，即把合意的标准从"双方协商一致确定内容"降至"双方接受由一方确定的内容"，把合同自由的标准从"决定法律关系内容"降至"是否接受特定内容法律关系"。在这一路径下，劳动规章制度对劳动者约束力正当性的来源仍为双方具体的合意（即针对劳动规章本身的合意）。[1]其二，为用人单位的"单独决定权"另行寻求合意基础（即用人单位指示权）。在这一路径中，法律先承认劳动规章制度由用人单位"单方决定"，且未经劳动者同意即可对劳动者产生效力。但是，用人单位之所以可单方决定劳动关系的内容，是因为劳动者在进入劳动合同时，已通过概括同意的方式赋予了用人单位单方决定其义务的权利。[2]即便该同意并不是针对该规章制度的"具体同意"，亦能证明劳动规章对劳动者的拘束力。[3]而劳动规章究竟应选择何种定位，一方面取决于法律规定，另一方面则取决于上述两种定位本身的目的。

---

〔1〕　在私法中，最能代表该路径的制度为格式条款制度。因此我国很多学者都选择将劳动规章定位为格式条款（即"格式条款说"）。郑尚元：《劳动合同法的制度与理念》，中国政法大学出版社 2008 年版，第 13、21 页；高圣平："用人单位劳动规章制度的性质辨析——兼评《劳动合同法（草案）》的相关条款"，载《法学》2006 年第 10 期；朱军："论我国劳动规章制度的法律性质——'性质二分说'的提出与证成"，载《清华法学》2017 年第 3 期。

〔2〕　参见董保华、陈亚："用人单位规章制度的法律性质及立法模式"，载董保华主编：《劳动合同研究》，中国劳动社会保障出版社 2005 年版，第 172 页。

〔3〕　在劳动法中，最能体现这一路径的概念为用人单位指示权。因此，有学者认为，（至少部分）劳动规章属于用人单位指示权的对象。沈建峰："论用人单位指示权及其私法构造"，载《环球法律评论》2021 年第 2 期。

三、格式条款还是单方指示？

1. 形式逻辑下的"通知或公示"

根据《劳动合同法》第 4 条的规定，劳动规章制度生效的最后一步为"通知劳动者或公示"。但在实践中，劳动者接受规章制度的情形分以下两种：其一，在签订劳动合同时，用人单位或把规章制度作为劳动合同附件，或把员工手册与劳动合同一同出示给劳动者，劳动者签署劳动合同即意味着对规章制度内容的同意。这种情形下的规章制度符合《民法典》第 496 条中格式条款的定义，即大量使用、预先拟定、未与对方协商及劳动者同意（签字）。其二，劳动合同签订后，劳动合同履行过程中，用人单位按《劳动合同法》第 4 条单独制定规章制度，并告知劳动者或公示。

若把劳动规章视为格式条款，其生效的前提为劳资双方合意（即要约与承诺），那么，用人单位的告知或公示构成要约，而劳动者知悉之后的行为（如表示已知晓或按规章制度开展工作）则构成承诺。有学者认为，劳动者在制定劳动规章过程中的有限参与不符合《民法典》第 496 条中格式条款由使用方单方拟定、未与对方协商的特征。[1] 笔者认为，格式条款定义中的"协商"是相对方有促成条款使用方变更条款内容的能力，而能力又取决于劳动者与之交涉的交易成本和劳动者"用脚投票"的可能性。[2] 若将制定劳动规章视为用人单位指示权的对象，属于行使形成权的一种形式，用人单位的告知或公示则可解释为"意思表示到达"。因为形成权的行使属单方法律行为，而单方法律行为的意思表示无需对方同意，只需对方受领（即意思通知到达对方）即可

---

[1] 丁建安：《企业劳动规章制度研究》，中国政法大学出版社 2014 年版，第 52 页。

[2] 参见朱军："论我国劳动规章制度的法律性质——'性质二分说'的提出和证成"，载《清华法学》2017 年第 3 期。

生效。[1] 形成权的正当性存在于两个方面：一为当事人约定，二为立法者价值判断。[2] 而用人单位制定劳动规章之所以能归为形成权，也因其具备上述正当性：劳动合同作为继续性合同，通常人们不会期待在合同成立时就未来每次劳动给付的细节达成合意。[3] 这样既无可能，也无必要。更为理性的选择是为未来的内容决定搭建框架（未来合同的内容的决定者及决定范围），这种框架的表现形式即为赋予一方单独决定权。[4] 在这种共识下，劳动者通常应知晓劳动关系中用人单位会单独决定给付细节的事实（即概括同意）。换言之，劳动者参与设定用人单位单方决定劳动规章之意思表示，是以劳动合同的"本质"和"自然属性"为基础，依据社会一般观念推断出来的意思表示。《劳动合同法》第 4 条作为用人单位指示权的法律依据，亦是对劳动合同自然性质之认可。

2. 概念目的：定位劳动规章制度的决定因素

经上述分析可知：按照形式逻辑规则，《劳动合同法》第 4 条中提及的劳动规章制度似乎既可涵摄至格式条款概念，又可涵摄至用人单位指示权概念之下。但对一事实现象进行法律定位时，还应考虑人们建构某一法学抽象概念的原因及所追求之目的。就此而言，建构概念的原因和目的，是界定概念内涵和外延的决定因素。[5]

法律之所以建构用人单位指示权这一概念，一是因为劳动合

---

〔1〕　朱庆育：《民法总论》（第二版），北京大学出版社 2016 年版，第 519 页。

〔2〕　朱庆育：《民法总论》（第二版），北京大学出版社 2016 年版，第 518 页。

〔3〕　Ian Ayres and Robert Gertner, "Filling Gaps in Incomplete Contracts: An Economic Theory of Default Rules", 99 *The Yale Law Journal* 87 (1989), pp. 87 –130.

〔4〕　［美］麦克尼尔：《新社会契约论》，雷喜宁、潘勤译，中国政法大学出版社 2004 年版，第 31 页。

〔5〕　［德］卡尔·拉伦茨：《法学方法论》（全本·第六版），黄家镇译，商务印书馆 2020 年版，第 552 页。

同签订时无法通过合意确定劳动给付的所有细节；二是因为劳动合同履行时需要用人单位决断式的管理，方能高效完成劳动给付，实现劳动合同的目的。因此，建构用人单位指示权的目的即为以一种符合经济效率的方式决定劳动给付的具体细节。这一目的决定了用人单位指示的外延——仅指与劳动给付相关的指令（既包括指向个别劳动者的具体指令，如某一时间段内的工作任务、加班和休假安排，也包括针对全体劳动者的抽象指令，如上下班时间、考勤要求等）以及与劳动相伴的行为规范（如安全生产要求）[1]。如若认为法律认可用人单位指示权的外在原因是无法在合同签订时就所有给付继续达成一致意见，法律认可格式条款的外在原因则在于节省交易成本。换言之，若不考虑交易成本，交易双方在合同签订之时就合同内容协商并达成一致意见，是可以实现的。但因动机和信息上的落差，格式条款相对方不得不放弃对核心给付条款以外内容的关注。[2]这即是格式条款内容控制制度要将核心给付条款排除在外的原因。法律规制格式条款固然是为了保护市场弱势群体——消费者——的利益，但同时也是为了保障同类型交易中"非核心给付内容"的最低水平[3]。唯有此，才能防止"柠檬市场"的出现。[4]

在目的论的检视下，可以发现《劳动合同法》第 4 条中的劳动规章制度既不宜统一定性为用人单位的单方指示，也不宜统一

---

〔1〕 沈建峰："论用人单位指示权及其私法构造"，载《环球法律评论》2021 年第 2 期。

〔2〕 Basdow, in: Säcker/Rixecker/Oetker, Münchener Kommentar zum Bürgerlichen Gesetzbuch, München 2022, vor § 305, Rn. 5.

〔3〕 Hein Kötz, Der Schutzzweck der AGB-Kontrolle—Eine rechtsökonomische Skizze, JuS 43 (2003), S. 209 (212).

〔4〕 Hein Kötz, Der Schutzzweck der AGB-Kontrolle—Eine rechtsökonomische Skizze, JuS 43 (2003), S. 209 (212).

定性为格式条款。更正确的做法是根据其具体内容作进一步的划分：若劳动规章制度的内容涉及劳动给付的具体形态（如上下班时间、考勤要求等），则应归为用人单位的单方指示；若劳动规章制度的内容涉及劳动核心给付以外的其他权利义务（如竞业限制、禁止乘坐非法运营交通工具等），则应归为格式条款。

这一二元划分进一步揭示了劳动规章制度的法学本质：在现代市场经济条件下，劳动规章制度是用人单位单方确定劳动关系的工具，体现了劳动者私法自治受到限制的事实。而私法自治受限的原因，又进一步将劳动规章制度划分为格式条款和用人单位的单方指示。这意味着：法律对劳动规章制度内容的控制机制一方面应体现格式条款和用人单位指示权的共性，另一方面则要基于二者的"特性"设置不同的调整模式。

第三节　"二分说"下劳动规章制度内容控制体系的架构

一、劳动规章制度内容的二阶审查

从劳动者角度，劳动规章制度是其私法自治受限的产物。因此，法律对劳动规章制度内容的控制，本质上即是对不完全合意条款的干预。前文已经论述，对于一方当事人私法自治受限的合同内容，应采用"底线+均衡"审查模式。申言之，所有劳动规章制度，无论是格式条款还是单方指示，首先均不可与强行法和公序良俗相抵牾。这一点亦体现于我国《劳动合同法》第26条第1款第3项。未与强行法和公序良俗相抵牾的劳动规章制度，则应依据《劳动合同法》第3条中的公平原则进行均衡审查。

劳动规章制度的性质定位和"二阶审查"的体系构造可解决

合法性审查与合理性审查的争论。若合法性审查仅指劳动规章制度应符合现行法的规定，则合法性审查之后必须有合理性审查，因为劳动法的大多数规定为强行法，并未如《民法典》一般含有大量任意性规定。在这种意义脉络下，合法性审查仅包含了第一阶审查。若合法性审查意指劳动规章制度的内容应符合整体法秩序的要求，则合理性审查被合法性审查吸收，因为均衡和公平原则即意味着双方权利、义务和负担的合理分配。由于我国制定法未针对劳动规章制度的内容审查作明确规定，司法实践对均衡审查的态度不一。在涉及劳动规章制度效力的争议中，许多地方法院会审查劳动规章制度的内容是否符合均衡要求。例如，用人单位（通过劳动规章）制定的（年终奖）发放规则仍应遵循公平合理原则，对于在年终奖发放之前已经离职的劳动者可否获得年终奖，应当结合劳动者离职的原因、时间、工作表现和对单位的贡献程度等多方面因素综合考量。[1]但也有一些地区的裁判机关认为，只要劳动规章制度符合程序要求，不违反法律、行政法规的强制性规定，即可对劳动者产生效力，等于用人单位可单方决定对劳动者不公平的规章制度，其不合理性显而易见。[2]

二、均衡审查的不同模式

劳动者私法自治的受限原因，是劳动规章制度中格式条款和单方指示的本质区别。这一本质区别决定了其均衡审查的不同模式。

如前所述，若非交易成本的差距，劳资双方在合同签订之时就格式条款内容协商并达成一致意见，是可能实现的。基于这一现实，对格式条款的内容控制机制也称为拟定控制（Gestaltungs-

---

〔1〕 彭宇翔诉南京市城市建设开发（集团）有限责任公司追索劳动报酬纠纷案，最高人民法院指导案例 182 号。

〔2〕 江苏省高级人民法院（2017）苏民申 4448 号民事裁定书。

kontrolle）。拟定控制机制的核心在于格式条款内容不符合均衡要求的法律后果：格式条款被认定为无效后，其使用人通常不可主张将系争条款内容调整至法律允许的最低限度（Verbot der Reduktion）[1]，即便变更后的条款符合格式条款的效力要求亦不例外。这一法律后果的正当性在于，可以促使格式条款使用方在拟定条款时能够尽可能顾及相对人的利益。否则，格式条款使用方便可大胆拟定损害相对人利益的条款，反正即便败诉，其还是能够得到在法律允许范围内的最大利益，[2]而相对方却不得不花费大量时间精力去诉讼，方能得到最低限度的利益。与之相对，因劳动规章制度中的单方指示往往是对核心给付义务的细化，直接归于无效则使得劳动关系内容空置，不利于劳动合同的履行。此外，从合同存续角度而言，违反法秩序的条款不宜直接归为无效。[3]基于此，单方指示的内容因违反公平原则无效后，通常允许变更。

综上所述，交易关系中的私法自治是否受限，决定了法律干预的力度，而私法自治受到限制的原因则决定了同一干预力度下不同的干预方式。其中，法律干预的力度表现为交易内容效力的审查标准，干预方式则可体现为内容无效后的法律后果。进言之，劳动规章制度中的格式条款和单方指示内容无效时，会导致不同的法律后果。但就其内容控制本身而言，审查标准并无二致。无论格式条款还是单方指示，均应遵守强行法和《劳动合同法》第3条公平原则之要求。劳动规章制度内容应接受公平原则的检验，意味着用工自主权不宜作为判定劳动规章制度内容有效的唯一理由。即便某一领域属于用人单位用工自主权的范畴，其亦不能超

〔1〕　BGH 3.11.1999, VIII ZR 269/98, NJW 2000, 1110; BGH 11.4.1992, VIII ZR 235/91, NJW 1993, 326.

〔2〕　Vgl. Stoffels, AGB-Recht, Verlag C. H. Beck 2021, Rn. 539ff.

〔3〕　参见韩世远：《合同法总论》（第四版），法律出版社2018年版，第238页。

越强行法和均衡要求的界限。

第四节　用人单位罚款权的法律规制

一、行使规制与内容规制的界分

为保证劳动者遵守规章制度中的行为规定，用人单位往往会通过规章制度制定相应的惩戒措施，其中以"警告""罚款（降薪）"和"开除（解除劳动关系）"最为常见。虽然"解除劳动关系"引发纠纷的数量最多，但纠纷重点并不在制度本身，而在用人单位行使该惩戒权是否恰当。如法院判断用人单位依据严重违反规章制度（《劳动合同法》第39条第2项）解除劳动合同的行为是否合法时，会根据劳动者具体违反的合同义务、对用人单位造成的损失和劳动者的主观恶意等综合判断解除劳动关系是否符合比例原则。[1]而"警告"作为"解除劳动关系"的正当依据，其是否适当亦取决于目的（维护企业经营秩序）与手段之间的比例关系。在德国法中，这种规制又称为行使规制（Ausübungskontrolle），而对条款内容本身进行的底线规制和均衡规制则是内容规制（Inhalts-kontrolle）。换言之，裁判机关对"警告"和"解除劳动关系"的审查对象是"警告权和解除权"的行使方式，而不是"权利行使依据"的条款内容的合法性。而均衡规制的审查对象为条款对当事人权利和义务（利益、负担和风险）的分配。"警告"和"解除劳动关系"作为一种纯粹的惩戒措施，并不涉及劳动关系内部权利和义务的分配，自然也不属于均衡规制的对象。

---

〔1〕　参见姜颖、李文沛："试论比例原则在劳动合同解除中的应用"，载《河北法学》2012年第8期。

与"警告"和"开除"不同，"罚款"不仅是一种惩戒措施，还切实影响了劳动者在劳动关系存续期间的经济利益，本质上构成了对劳动者劳动收入的"重新分配"。正因如此，规章制度中的"罚款"应符合强行法、公序良俗和公平原则的要求。

二、罚款权不违反强制性规定

1982 年发布的《企业职工奖惩条例》第 12 条即明确规定了对职工的行政处分：警告、记过、记大过、降级、撤职、留用察看、开除。在给予上述行政处分的同时，可以给予一次性罚款。随着我国社会主义市场经济体制的建立，《企业职工奖惩条例》于 2008 年废止，国家层面的现行法中再无关于"用人单位罚款权"的明文规定。

一些地方性法规明确认可了用人单位的罚款权。《江苏省工资支付条例》第 12 条第 2 款第 3 项规定，劳动者违反用人单位规章制度，被用人单位扣除当月部分工资，但提供正常劳动的，用人单位支付的工资不得低于当地最低工资标准。但有学者认为，罚款是一种行政处罚权，实施罚款的主体只能是国家行政机构，用人单位无权对员工进行罚款。[1] 受此影响，我国多地裁判机关也持该观点，如北京[2]、上海[3]、广东[4]和山东[5]等。与此相应，我国多地裁判机关并不认可用人单位的罚款权。如在孙伟与

---

〔1〕 参见刘景景："如何看待企业的罚款制度"，载《中国审判》2011 年第 5 期。

〔2〕 参见北京市第二中级人民法院（2022）京 02 民终 5403 号民事判决书；北京市第一中级人民法院（2015）一中民终字第 4723 号民事判决书。

〔3〕 参见上海市第一中级人民法院（2014）沪一中民三（民）终字第 650 号民事判决书。

〔4〕 参见广东省广州市中级人民法院（2021）粤 01 民终 15952 号民事判决书。

〔5〕 参见山东省威海市经济技术开发区人民法院（2022）鲁 1092 民初 580 号民事判决书。

杭州维时科技有限公司北京分公司劳动合同纠纷案中，北京市海淀区人民法院认为，"现行法律法规并未赋予用人单位对劳动者的罚款权，则杭州维时北京分公司对孙伟罚款 1000 元并自工资中扣除的行为并无法律依据，故应向孙伟返还上述罚款。"〔1〕2022 年修正的《深圳市员工工资支付条例》第 34 条亦删除了用人单位的经济处罚权。由此推知，否定用人单位罚款权主要基于以下逻辑：其一，现行法未明确规定用人单位的经济处罚权；其二，企业不是行政处罚法中可实施罚款的主体。因此，规章制度中的罚款内容违反了强制性规定。

笔者认为上述理由不可取，原因在于：首先，在国家和公民的公法关系中，行政机关罚款权的本质是国家对公民财产权的干预。是故行政机关的罚款权需法律明确授权。而在以私法自治为主导理念的劳动关系中，当事人赋予自己一项权利无需法律明确授权。若非如此，实践中广泛存在的无名合同便无立足之地，私法自治更是荡然无存。其次，就劳动合同履行而言，"罚款"实际上是用人单位减少支付的劳动报酬，即减少支付对价。而依据合同履行的一般原理，一方当事人履行不符合约定时，另一方当事人自然可以减少其对价（如《民法典》第 588 条中受损害方对违约方的减价权）。〔2〕因此，在劳动合同法框架内，用人单位通过罚款形式减少工资报酬并不违反强制性规定，法律不应拘泥于其字面表述一概加以禁止。

三、用人单位罚款权的类型化分析

罚款虽不违反强制性规定，但仍应接受均衡检验。只有经受

---

〔1〕 参见北京市海淀区人民法院（2019）京 0108 民初 46422 号民事判决书。

〔2〕 参见谢增毅："用人单位惩戒权的法理基础与法律规制"，载《比较法研究》2016 年第 1 期。

住《劳动合同法》第 3 条公平原则的检验，罚款才能获得法律拘束力。在用工实践中，罚款理由可分为两类：一是劳动者的违纪行为给用人单位造成了经济损失；二是违纪行为未造成具体经济损失，但危害了工作环境（如劳动者辱骂、殴打同事）。因为其中涉及用人单位不同的利益，其合法性不可一概而论。在此情况下，对规章制度中的罚款权进行类型化分析，有助于法律分析和适用的精确化程度。

1. 类型一：为弥补违纪造成的经济损失而规定的罚款

在用工实践中，违反"劳动纪律"是罚款的前提条件。但在我国劳动法中，"劳动纪律"并没有确切的内涵和外延，业务流程、操作规范、行为举止要求均可包含在内。因违纪造成经济损失的情形可能是不慎丢失公司竞标材料，被竞争对手知晓底价从而丧失中标机会；可能是未按规程操作机器给用人单位造成了财产损失；也可能是五星级酒店的服务人员对顾客出言不逊，使得酒店必须给顾客免单。从合同履行的角度看，上述行为均构成"履行不符合约定"。按合同法一般原理，作为受损害一方的用人单位貌似拥有"减价"权以弥补损失。就此而言，若罚款虽然减损了劳动者按约定获得劳动报酬的利益，但同时免去劳动者的损害赔偿责任时，此种"减损"就是"合理减损"。

那么，又该如何判断"减损"是合理的？按《民法典》第 585 条的规定，似乎罚款数额等于或小于用人单位损失即可。然而，我国合同法中的违约责任是无过错责任（也称"严格责任"）原则，即无论当事人是否存在过失，只要违约行为导致了损害后果，即需承担违约责任。这一规定源于《联合国国际货物销售合同公约》，含有强烈的商事法色彩，有利于保障交易安全和提升交易效率。[1] 这

---

〔1〕　参见韩世远：《合同法总论》（第四版），法律出版社 2018 年版，第 751 页。

一理念显然不可转化至劳动法中。即便劳动法采用过错责任原则，亦可能会造成劳动者不可接受的结果。德国学者多伊普勒认为，"根据这种原则（过错责任原则），一名疲劳的司机在驾驶时一瞬间的分神就可能导致巨大的损失，他用尽几十年也偿还不了。很明显，这种做法是不可接受的"。[1]为此，德国联邦劳动法院发展了一系列基本原则来限制雇员的责任：对于雇员执行工作行为引起的损害，雇员主观状态为故意或有重大过失时，承担全部损害赔偿责任；雇员有"一般过失"或"中等过失"时，根据个案具体情况确定雇员承担的份额；如果雇员的过错程度很低，则不承担责任。[2]

笔者认为，我国裁判机关判定罚款规定是否合法时亦可采用上述原则。除避免劳动者背负巨额债务以外，亦有以下理由：劳动者能否按要求履行义务，不仅取决于其能力和态度，亦取决于用人单位的管理方式。若用人单位未对劳动者进行充分培训，导致劳动者操作机器失误，或安排经验不足的劳动者从事机密工作，导致机密泄露等，这类损失显然不应由劳动者单独承担。因此，法院运用公平原则时应先根据劳动者的主观状态，结合用人单位的工作安排和管理方式，认定劳动者应承担的损失部分。只有罚款数额等于或低于劳动者应承担的损失时，该罚款规定方符合公平原则的要求。

2. 类型二：为维护管理秩序而设定的罚款规则

这一类罚款多针对违反一般管理规范的行为。如某企业曾在规章制度中规定，空调温度调至 26 度以下或下班忘记关灯，罚款200 元。这类行为的特点是并未给用人单位造成直接经济损失（或

---

〔1〕 ［德］沃尔夫冈·多伊普勒：《德国劳动法》（第 11 版），王倩译，上海人民出版社 2016 年版，第 174 页。

〔2〕 BAG, DB 1993, 939；BAG, DB, 1994, 428；BAG, NZA 1998, 310, 311.

损失数额极其微小），用人单位设定罚款的目的也并非弥补经济损失，而是对违纪劳动者和其他劳动者形成威慑力，以便维持管理秩序。判断此类罚款规则的效力可采用本书在第一章第三节提及的利益衡量方法。第一步，裁判机关应分析"违纪罚款"中劳资双方的利益状况。如前所述，用人单位的利益在于维持管理秩序，维持管理秩序是法秩序承认的利益，具备正当性。第二步，查明罚款可以形成威慑力，维持管理秩序。这一步具备适当性。第三步，应查明是否存在其他同样能够实现用人单位维持管理秩序的需要且对劳动者利益损害更小的方式。依一般管理常识，劳动者违纪时，用人单位完全可通过批评教育、给予警告等方式达到维持管理秩序的目的，故规定违纪罚款的劳动规章不符合公平原则。

第四章
服务期协议：前提、期限及违约责任

　　所谓服务期，是指劳动者在某一用人单位的最低工作年限。为保证劳动者履行劳动合同，用人单位通常会与劳动者约定违约金。为防止用人单位过分限制劳动者的职业自由，我国《劳动合同法》第22条和第25条规定，除竞业限制以外，用人单位只可就专项培训服务期与劳动者约定违约金。申言之，只有用人单位为劳动者支付专项培训费用，或为劳动者提供专项技术培训时，方可与劳动者约定服务期以及劳动者违反服务期约定时的违约金。《劳动合同法》颁布伊始，第22条即面临下述挑战：如何认定"专业培训"？如何判断服务期期限是否合理？规定违约金数额不得超过"培训费用"数额是否合理？又该如何处理特殊职业人员（如飞行员）的服务期纠纷？上述问题讨论至今仍未有定论。与此同时，劳动合同中的落户服务期承诺以及违约金亦引发学界对

《劳动合同法》第 25 条的解释与反思。基于此，本章首先讨论约定服务期的适用前提，重点探讨专项培训的认定标准、落户以及其他特殊物质待遇服务期的正当性；其次分析如何设置服务期的合理期限；再其次从违约金的功能出发，分析违约金数额的合理范围；最后在厘清上述问题的基础上，探讨解决特殊职业人员的服务期纠纷的方案。

第一节 约定服务期的前提

一、专业技术培训

根据《劳动合同法》第 22 条的规定，并非所有的培训都可约定服务期，可约定服务期的只有专业技术培训。可见，判定是否可以约定服务期，认定专业技术培训（即区分其与一般职业培训的标准）是关键。

就此，国内学者有不同主张。有学者认为，区分专业技术培训和一般职业培训的关键标准在于培训对象：专业技术培训的对象应是特定劳动者，故针对全体雇员的上岗培训和日常业务培训不可被归为专业技术培训。[1] 有学者主张认定专业技术培训应综合考量下列因素：①劳动者的自认。②培训强度与期限。培训期限越长，劳动者在单位时间内专门用于培训的时间越长（半脱产或脱产），构成专业技术培训的可能性越大。③培训的费用和对象。有专门培训费用的支出、支出的培训费用数额较大、针对少数人员展开的培训，更宜被认定为专业技术培训。④接受培训的劳

---

[1] 许建宇："论服务期的认定"，载《中国劳动》2014 年第 6 期。

动者是否被升职加薪。[1] 这种"多种因素综合衡量"的思路在司法实践中也被部分法院采用。如在天津皿鋬软件有限公司、何梓铭劳动争议案二审中，天津市第一中级人民法院认为："案涉培训是普通的职业培训还是专业技术培训应当从培训的人员、内容、时间、形式等多方面综合分析认定。在本案中，第一，从培训对象看，接受培训的为有意向成为皿鋬公司员工中无工作经验的人员，并非全部有意向成为皿鋬公司员工的人员，更非皿鋬公司的全体在职人员。第二，从培训的内容看，培训的内容为游戏美术制作技术，不包括皿鋬公司的工作制度、职业纪律等内容。第三，从培训的时间和形式看，培训时间长达三个月，且培训形式为脱产培训……综合考虑上述情况，本院认为案涉培训属于专业技术培训。"[2]

探究专业技术培训的内涵和外延，首先应回溯《劳动合同法》第 22 条中服务期的正当性。对于这一命题，我国大多数学者的论证视角为"企业投资回报率"和"社会经济整体发展"：用人单位对劳动者进行培训是一种人力资源的投资，从微观层面，可以实现用人单位提高劳动者技能的实际需要；从宏观层面则可提高整个社会技术和管理方法的进步，从而促进经济发展和社会进步。[3] 若劳动者违反服务期约定，不仅会给企业带来损失，亦会打击企业出资培训的积极性，进而影响社会的技术进步和经济增长。[4] 由此观之，上述论证的基本逻辑为：尽管服务期限制了劳动者的职业自由，但出于对企业投资人力发展热情的保护和整体经济发展

---

〔1〕 程小勇、孟高飞："劳动合同服务期制度的适用"，载《人民司法》2014 年第 17 期。

〔2〕 参见天津市第一中级人民法院（2018）津 01 民终 9039 号民事判决书。

〔3〕 参见黎建飞、李敏华："劳动合同服务期责任的法哲学思考"，载《河南省政法管理干部学院学报》2009 年第 2 期。

〔4〕 参见冯彦君、王天玉："劳动合同服务期规则的适用——以'东航返航事件'为切入点"，载《当代法学》2009 年第 4 期。

的需要，牺牲劳动者的利益是必要的。这一论证思路充分体现了劳动法的"经济法"面向，以"效率"证实了"服务期的正当性"。然而，服务期协议作为劳动合同条款，其本身的正当性亦符合均衡要求。根据均衡要求，若合同内容限制了当事人按合同性质通常应享有的权利，则需满足以下要求：或者劳动者得到了相应补偿，或者劳动者未得到相应补偿，但以此为代价而追求的用人单位利益更值得法律保护。就第二点而言，保护用人单位的人力投资固然可促进技术进步和经济增长，但从人本主义的视角来说，技术进步和经济增长终究是为了人的全面发展。劳动者的职业自由既关乎劳动者的经济利益，又关乎劳动者的人格发展，若技术进步和经济增长一概优先于人格发展，则有本末倒置之嫌。由此可知，第二条路径（用人单位利益更值得保护）并不能证成服务期的正当性。那么，能够证成限制劳动者职业自由正当性的只能是第一条路径：劳动者获得了相对应的补偿，即通过专业技术培训，劳动者获得了在劳动力市场中的比较优势，进而扩大了劳动者的职业自由。

由此可以推论，《劳动合同法》第 22 条中专业技术培训的核心特征为：①劳动者获得的知识和技能是胜任新工作岗位或提高劳动报酬的必要条件；②通过现有工作本身的经验积累无法获得上述知识和技能。[1] 例如企业让入职时不具备模具设计开发能力及经验的新员工参加企业提供的模具设计培训[2]，企业出资让技术出身的员工去外语培训机构强化商务英语，或送企业中高层管

[1]　德国联邦劳动法院提出，如果培训仅仅对雇主有利，那么雇主培训员工与其购买机器、租赁厂房无本质区别，均都属于生产经营支出。这种情形下的培训费用不应由雇员承担。参见 BAG 18. 11. 2008, 3 AZR 192/07（德国联邦劳动法院 2008 年 11 月 18 日第 3 AZR 192/07 号判决书）。
[2]　参见江苏省常州市中级人民法院（2019）苏 04 民终 2139 号民事判决书。

理人员去读 MBA 课程。相反，在员工能力已满足岗位基本要求时，用人单位为员工尽快熟悉工作流程或提高员工素质的培训通常不可被认定为专业技术培训。这一认识亦体现于近期的司法判例中。在中国农业银行股份有限公司天津和平支行与王辰勇劳动争议案中，天津市第一中级人民法院认为：从培训内容上看，（社会主义核心价值体系解读、被告机构岗位管理体系介绍、薪酬福利政策解读、入职手册、职业形象与商务礼仪、出纳制度及出纳机使用、点钞练习、农行企业文化及发展战略解读等）并未超出普通银行职员需要了解的知识范畴，不具有专业性质，而是属于为了提高劳动者的劳动技能和劳动熟练程度，使之更好地为用人单位服务的普及性培训，故上述培训不属于《劳动合同法》第 22条中的专业技术培训。[1]

　　值得注意的是，在企业改制、并购和合并等特殊情形中，用人单位的培训即便满足了上述两个核心特征，但其目的是使劳动者适应新的工作岗位时，多地法院则会倾向于否定其为专业技术培训。如在西安市纺织城生活服务管理有限公司与胡勇劳动争议案中，陕西省西安市中级人民法院认为："胡勇与纺织公司签订协议的前提是职工医院（胡勇原用人单位）被列入纺织城核心区改造拆迁范围，无法运营。胡勇参加培训是纺织公司对胡勇另行安排工作的一种分流安置方式，并非专业技术培训"。[2]笔者赞同该法院观点。在本案中，因原工作地点列入拆迁范围而无法延续原劳动关系，属于《劳动合同法》第 41 条中因客观情况而发生的重大变化。该纺织公司可依据《劳动合同法》第 41 条解除与胡勇的劳动关系，并支付经济补偿金。即便该纺织公司组织的培训确实

---

〔1〕 参见天津市第一中级人民法院（2017）津 01 民终 1529 号民事判决书。
〔2〕 陕西省西安市中级人民法院（2017）陕 01 民终 2768 号民事判决书。

有利于胡勇的职业发展，因该纺织公司不再负有支付经济补偿金义务，其培训应被认定为经济补偿金的对价，而非劳动者服务期之对价。在此情形下应对《劳动合同法》第 22 条中的专业技术培训作限缩解释。

二、落户服务期的是与非

户籍制度作为一种人口管理方式，影响着人们的就业选择、社会福利、购房资格和子女教育。由于我国地域发展不平衡，发达地区城市（尤其是一线城市）的户口成为社会稀缺资源。因就业是适龄劳动者取得户口的主要途径，发达地区城市的落户指标自然成为吸引人才的有利条件。为留住人才，各大城市（尤其是北京、上海等就业机会和教育、医疗资源均丰富的城市）的用人单位多选择与劳动者签订落户服务期和违约金条款。随着"终身制"和"铁饭碗"等观念的进一步打破，因劳动者在服务期内离职而引发的纠纷日渐增多。本部分将在梳理立法和司法裁判的基础上，分析落户服务期违约金的正当性。

1. 落户服务期的认可与违约金的否定

从现有资料看，最早明文规定落户服务期的法律规范为 2001 年颁布的《上海市劳动合同条例》，其第 14 条规定的"由用人单位出资招用、培训或者提供其他特殊待遇的劳动者"中，"其他特殊待遇"通常指用人单位向劳动者承诺解决和满足其在户口迁移、夫妻调动、子女入学等方面的实际困难和特殊需求，或者向劳动者提供住房、车辆等较为丰厚的物质待遇。[1]与此相应，上海法院在 2010 年前均认可落户服务期及违约金协议的效力。[2]就国家

---

〔1〕 许建宇："论服务期的认定"，载《中国劳动》2014 年第 6 期。

〔2〕 参见上海市浦东新区人民法院（2008）浦民一（民）初字第 1788 号民事判决书和上海市徐汇区人民法院（2010）徐民一（民）初字第 4158 号民事判决书。

层面而言，无论是 1994 年颁布的《劳动法》，还是相关行政法规和部门规章，均未含有服务期规定。基于"法不禁止则自由"的私法自治原则，与落户相联系的服务期及违约金并不违反法律的强制性规定。

2008 年实施的《劳动合同法》第 25 条则否认了上述可能。根据该条规定，除该法第 22 条和第 23 条规定的情形外，用人单位不得与劳动者约定由劳动者承担违约金。基于此，多地法院明确发文不支持用人单位关于户口违约金的诉讼请求。如 2009 年发布的《北京市高级人民法院、北京市劳动争议仲裁委员会关于劳动争议案件法律适用问题研讨会会议纪要》第 33 条规定，用人单位以其为劳动者办理了北京市户口并约定服务期为依据要求劳动者支付违约金的，不应予以支持。然而，不支持户口违约金并不意味着否认落户服务期协议本身的效力。换言之，以"帮助成功落户"和"服务期"为对价的协议仍会得到法院认可，无效的只是其违约责任形式（违约金部分）。例如在中国光大银行股份有限公司信用卡中心与石波劳动争议案中，一审和二审法院虽未支持光大银行关于违约金的诉讼请求，但均认为石波未按诚实信用原则履行服务期约定。[1]

2. 落户服务期的正当性

笔者非常赞同北京市各级人民法院的裁判思路，理由如下：

首先，从文义解释和体系解释角度来说，《劳动合同法》第 25 条限制的是违约金的适用范围，而非服务期的适用范围。故该法第 22 条应理解为第 25 条的参引规范。基于劳动合同法私法自治的基本理念，除非《劳动合同法》第 22 条明文将服务期限制于专业

---

[1] 参见北京市第一中级人民法院（2022）京 01 民终 401 号民事判决书。相同思路判决可见：北京市第二中级人民法院（2016）京 02 民终 2857 号民事判决书、北京市朝阳区人民法院（2016）京 0105 民初 47548 号民事判决书、北京市第三中级人民法院（2014）三中民终字第 09971 号民事判决书。

技术培训，否则不宜将专业技术培训作为服务期适用的唯一前提条件。其次，落户服务期符合当事人利益风险的均衡要求。对于劳动者而言，服务期虽然在一定程度上限制了其职业自由，但其通过落户也获得了利益——从社会福利到购房购车资格，再到劳动力市场中的竞争优势。劳动者的利益状态较之于获得一线城市户籍之前虽有变化，但收益和损害大致平衡。相反，若法律禁止约定落户服务期，则可能会导致劳动者落户后随即离职，给用人单位带来损失。因为在现有的户籍制度下，有的用人单位每年户口指标有限，劳动者离职后，会使用人单位在需要用人时无法以原有的条件（户口+薪资）吸引同等优秀的人才。在某些情形下，劳动者"落户即离职"的行为甚至可能导致单位丧失户口指标。如《2021年非上海生源应届普通高校毕业生进沪就业申请本市户籍办法》中的申请条件部分规定：用人单位2020年度与所录用并办理落户的非上海生源应届毕业生全部解除劳动（聘用）关系的，该单位2021年提出的落户申请将不予核准。就此而言，以成功落户为前提条件，在一段时间内约束劳动者的辞职权本身并不违反《劳动合同法》第3条的公平原则，其效力应予以认可。当然，若用人单位与劳动者约定的劳动报酬远低于劳动力相同岗位平均数值，或服务期过长且劳动者受到不公平待遇的，服务期协议的具体内容仍可能因违反公序良俗或公平原则而无效。

三、特殊物质待遇服务期的正当性探讨

用工实践中常见的还有特殊物质待遇服务期。与落户和专项技术培训不同，特殊物质待遇服务期约束的对象多为高级管理人员和高级技术人员（如拥有一定成果和资源的科研人员）。所谓特殊物质待遇，一般是指用人单位除固定劳动报酬外额外提供的待遇，如提供住房（福利性购房、安家费、提供租金远低于市场价

的租房）、汽车、抚育（解决子女入园或入学）和医疗服务等。在处理特殊物质待遇服务期纠纷时，一些地方法院会将特殊物质待遇解释为"提前支付的劳动报酬"。如上海市高级人民法院《关于适用〈劳动合同法〉若干问题的意见》第 7 条规定，用人单位给予劳动者价值较高的财务，如汽车、房屋或住房补贴等特殊待遇的，属于预付性质。劳动者未按照约定期限付出劳动的，属于不完全履行合同。这便是特殊物质待遇与落户和专项技术培训的本质区别：前者在劳动关系中是劳动给付义务的对价（对待给付义务），服务期则是给付义务的期限；而落户和专项技术培训并不构成劳动给付义务的对价，而是限制劳动者任意辞职权的对待给付义务。[1] 基于上述分析，特殊物质待遇服务期的正当性的首要来源并不是双方利益均衡，而是双方的完全合意：劳动者作为高级管理人员和高级技术人员，在就业市场上具有很强的议价能力。[2] 除此之外，包括特殊物质待遇在内的劳动报酬和劳动给付义务期限（服务期）其实属于劳动合同中的核心给付义务，是双方协商一致的结果。而核心给付义务无需符合公平原则中的"客观均衡要求"，不违反强制性规定和公序良俗即为有效。

有学者认为，特殊物质待遇服务期不符合《劳动合同法》第 22 条的立法目的，不应被法律认可。因为包括落户在内的特殊物质待遇是一种争夺型人才竞争，即人才存量竞争，其对增加人力资源供给的积极作用小于出资培训这种开发型人才竞争（即人才增量竞争），还会加剧人力资源供求矛盾，对劳动力市场秩序有负

---

〔1〕 参见成曼丽、王全兴："服务期的法律定性和法律后果"，载《中国劳动》2006 年第 2 期；董保华："论劳动合同中的服务期违约金"，载《法律适用》2008 年第 4 期。

〔2〕 郭昌盛："劳动法上违约金制度的反思与完善——以户口违约金条款的司法实践为例"，载《河北法学》2019 年第 10 期。

面影响。[1]但依笔者之见，《劳动合同法》第 22 条的政策考量确实为增加人力资源供给。但事实证明，在配套政策较为完善的前提下，特殊物质待遇服务期不但不会加剧人力资源供求矛盾，而且可促进人才跨地区流动，避免人才集中在东部沿海城市而造成的劳动力相对过剩，从而利于我国的区域平衡。这与我国当前的人才政策亦相吻合。[2]因此，特殊物质待遇服务期的效力应得到法律认可。劳动者在服务期内辞职的，构成违约，应按比例返还已经给付的特殊物质待遇。

第二节　服务期期限的均衡设置

目前我国立法中并无对服务期期限的具体规定。在司法实践中，法院通常对服务期期限的合理性不予审查，除非是培训时间和服务期期限极度不平衡的极端案例。在东台市泓学艺术培训有限公司与周敏劳动争议案中，东台市泓学艺术培训有限公司仅仅对周敏培训了两天，却与周敏约定了 3 年的服务期。法院以"显失公平"为由否定了服务期约定的效力。[3]有学者主张尊重当事人约定的服务期期限，一是因为服务期是当事人意思自治的结果，二是因为服务期的合理性取决于合同履行过程中双方利益状况的不断对比，故法律无法提供可供评判期限合理性的标准。[4]但笔者认为这一观点忽略了劳动关系中的重要事实：除特殊物质待遇服

---

〔1〕　王全兴：《劳动合同法条文精解》，中国法制出版社 2007 年版，第 77 页。

〔2〕　许建宇："论服务期的认定"，载《中国劳动》2014 年第 6 期。

〔3〕　江苏省盐城市中级人民法院（2022）苏 09 民终 2265 号民事判决书。

〔4〕　秦国荣："服务期协议：概念、本质及其法律效力分析"，载《法律科学（西北政法大学学报）》2009 年第 1 期。

务期外，专项技术培训和落户服务期的适用对象通常为处于弱势地位的普通劳动者。由于不具备与用人单位平等的议价能力，专项技术培训和落户服务期协议实为格式条款，应符合《劳动合同法》第 3 条公平原则中的"客观均衡要求"。基于此，本节的讨论重点为如何均衡设置专项技术培训和落户服务期的期限。

一、专项技术培训服务期的合理期限

为防止出现培训期限短、费用低却约定长期限服务期的情形，有的学者援引我国 1995 年《劳动部办公厅关于试用期内解除劳动合同处理依据问题的复函》，提出一般情况下应该以 5 年作为服务期的最长期限。[1] 有些学者则主张不宜为服务期设定一个最长期限，而应以培训费用和劳动者工资比例设置服务期的合理期限：用人单位投入是劳动者月工资的多少倍就按多少个月来设定服务期限；[2] 还有学者主张，个案中服务期的合理期限取决于培训费用、培训时间以及培训对劳动者市场竞争力的提高程度。[3]

笔者认为，若不考虑培训期限、培训费用以及劳动者的可替代性等因素，统一设定服务期的最长期限为 5 年，显然不符合"相同事物相同对待"的基本法理念。在没有统一硬性标准的情形下，服务期期限的"均衡性"判断标准则需要兼顾两个要求：判断因素要尽量全面，唯有如此才能尽可能全面地识别劳资双方的利益，从而开展下一步的"利益衡量和价值权衡"；判断过程则应尽量客观化，减少法的不稳定性。二者构成了既对立又统一的矛

---

　　〔1〕　周国良、俞里江、李红："劳动合同与培训服务期协议的法律分析（上）"，载《中国劳动》2013 年第 4 期。

　　〔2〕　冯彦君、王天玉："劳动合同服务期规则的适用——以'东航返航事件'为切入点"，载《当代法学》2009 年第 4 期。

　　〔3〕　程小勇、孟高飞："劳动合同服务期制度的适用"，载《人民司法》2014 年第 17 期。

盾体。上文提及的两种方法恰好反映了学者不同的价值取向：强调要综合衡量培训费用、培训时间和劳动者受益程度的学者更倾向于全面，但可操作性低；培训费用和月工资比例方法则强调量化，但失之全面。

在德国法中，德国联邦劳动法院采用了"以量化为主，兼顾全面"的裁判思路。根据德国联邦劳动法院的一系列判决，服务期期限合理性主要取决于培训时间。一般情况下，脱产培训不超过1个月的，最多能约定6个月的服务期；脱产培训不超过2个月的，服务期不得超过1年；脱产培训3个月到4个月的，服务期不得超过2年；脱产培训6个月左右的，不能约定超过3年的服务期；脱产培训2年以上的，最多约定5年的服务期。[1]如果个案中用人单位支付了极高的培训费用，或者参加培训的劳动者收益极大，即便培训时间较短，也可约定较长的服务期。当然，德国的这种方法只适用于脱产培训。鉴于我国存在大量非脱产培训（在岗培训或边学边做），难以判断某一具体培训项目的时长。有鉴于此，笔者认为应该采用某学者的建议，把用人单位总投入和劳动者的月工资作为主要参数，总投入除以月工资的商即为服务期的月数。这种方法一方面反映了某一培训项目的绝对价值，另一方面通过劳动力本身的价值，反映出该培训项目对于劳动者的相对价值。当然，实践中也应考虑到个案特殊情况而在此数值上有一定程度的浮动。[2]例如可将劳动者接受培训前后劳动报酬的变化作为浮动因素。若劳动者接受培训后，虽然在就业市场提升

〔1〕　BAG, 24. 11. 2020, 1 AZR 319/19; 19. 1. 2011, 3 AZR 621/08, NZA 2012, 85; 15. 9. 2009, 3 AZR 173/08, NZA 2010, 342; 21. 7. 2005, 6 AZR 452/04.（德国联邦劳动法院2020年11月24日第1 AZR 319/19号、2011年1月19日3 AZR 621/08号、2009年9月15日3 AZR 173/08号及2005年7月21日6 AZR 452/04号判决书）。

〔2〕　王倩、朱军：《德国联邦劳动法院典型判例研究》，法律出版社2015年版。

了竞争力，但其在现有劳动关系中的劳动报酬并未相应提高，服务期则应相应缩短。这一规则可避免用人单位利用服务期压低劳动者报酬，平衡劳动者与用人单位利益，使得人尽其才，实现《劳动合同法》第 22 条中人才发展的立法目的。

二、落户服务期的合理期限

笔者以"落户""户口""服务期""劳动争议"为关键词在中国裁判文书网进行了检索。检索结果显示：2013 年至 2022 年间，北京涉及落户服务期争议的案件有 8 起。其中，服务期期限为 5 年的有 7 起，3 年的有 1 起；上海相关争议案件 3 起，服务期期限为 3 年的有 2 起，1 年的有 1 起。

在上述案件中，法院并未审查服务期期限的合理性。问题在于，落户服务期是否可借鉴专项技术培训服务期的判断思路？在专业技术培训服务期中，用人单位总投入和劳动者月工资反映的其实是劳动者获得的相对收益。在北京、上海等一线城市，劳动者通过落户取得的收益大致可分为两类：第一类为公共政策上的收益，如买房买车资格、子女教育等。用人单位帮助落户虽为此类收益的前提条件，但用人单位并非此类收益的直接提供者。即便可将此类收益折算为一定金额，将全部金额作为设置服务期期限的参数也难言正当。第二类则为劳动者在就业市场上获得的优势，但难以量化，可操作性低。因此，就落户服务期期限合理性的判断标准而言，笔者认为，可通过"利益状况对比"方法确定其合理期限。从这一角度出发，可将用人单位招聘本市户籍劳动者的利益状况作为参照，对比未占用落户指标劳动者辞职和占用落户指标劳动者辞职后对用人单位的影响。若经过一段时间，二者同时离职时，用人单位重新招聘相同资质劳动者的成本持平，占用落户指标劳动者服务期期限即应终止。而"一段时间"的测算又可以同行业同类岗位的平均劳动合同期限为准。下面，笔者将通过极端模型论证这一方法的合理性。

既定条件1：在户口资源相对稀缺的城市中，拥有户口劳动者的数量每年递增。换言之，就同行业中的同类岗位而言，拥有本市户籍的劳动者，在工龄较长的劳动者群体中占比大于其在工龄较短的劳动者群体中的占比。

场景模拟1：某就业市场中符合某一初级岗位需求的应届毕业生100名，其中无需落户的30名，需要落户的70名。若某一用人单位有2个招聘需求，但只有1个落户指标，其招用本市户籍甲的成本为M，招用外市户籍乙的成本为N。因外市户籍的应届生群体竞争更为激烈，故乙的整体素质很可能高于甲。若无需户籍指标的应届生甲离职，其重新招聘的成本仍为M；但若应届生乙取得户口即离职，则该用人单位因无法提供户口，重新招聘相同资质员工的成本将大于N。

由此可知，在短时间内（如入职6个月），二者同时离职的，需落户劳动者岗位的重新招聘成本大于无需落户劳动者岗位的招聘成本。

既定条件2：我国劳动合同平均期限为2年至3年。

场景模拟2：假设2020年100名毕业生中，有70名需要落户。在需要落户的70名应届毕业生中，有20名获得了本市户口，且20名劳动者3年后全部离开原单位回到就业市场。那么，在拥有2年至3年工作经验的劳动者群体中，需要户口指标和无需户口指标的劳动者均为50名。此时本市户籍劳动者群体和外市户籍劳动者群体的竞争程度相同。若乙取得本市户籍3年后辞职，即便用人单位无法提供户口，仍有可能在本市户籍劳动者中招聘到符合要求的劳动者。

"劳动合同平均期限 ＝ 服务期期限"这一公式未必精确，仅是在用人单位重新招聘成本的角度，寻求平衡用人单位和劳动者利益的一种方案。有鉴于此，笔者认为，在以帮助落户为前提条件的服务期协议中，将服务期期限设置为 2 年至 3 年较为合理。

第三节　违反服务期约定的法律后果

一、学界批评和争议

用人单位与劳动者就专项技术培训、落户以及特殊物质待遇服务期的约定生效后，劳动者在服务期届满前解除劳动关系构成违约，应负违约责任。根据一般合同法原理，违约责任的形态有强制履行、减价、损害赔偿和违约金。然而，基于劳动关系的人身性，强令劳动者继续留在违背其意愿的劳动关系中，构成变相强迫劳动，是对人身自由和人格尊严的侵犯。这一特征在德国法中被称为"劳动之债的不可强制执行性"[1]，亦构成劳动者任意辞职权的法理基础[2]。由此，用人单位的违约救济选择只剩损害赔偿、减价和违约金。

在司法实践中，法院针对专项技术培训、落户和特殊物质待遇服务期的处理思路恰好对应着违约金、损害赔偿和减价三种违约责任形态。鉴于我国《劳动合同法》第 25 条明确禁止除专项技术培训和竞业限制之外的违约金，我国法院对落户违约金均持否定态度，但部分法院认为劳动者应赔偿因提前离职而给用人单位

----

〔1〕　参见［德］雷蒙德·瓦尔特曼：《德国劳动法》，沈建峰译，法律出版社 2014 年版。

〔2〕　田野："劳动者辞职权的合理边界——以制度制衡为中心"，载《中南大学学报（社会科学版）》2018 年第 1 期。

造成的损失。[1] 部分法院将特殊物质待遇认定为"预先支付的劳动报酬"，劳动者提前离职构成违约形态中的不完全履行，用人单位有权"减价"（即要求按比例退回部分待遇）。[2] 自《劳动合同法》进入立法程序，关于违反服务期法律效果的争论集中于以下两点：其一，是否应扩大违约金的适用范围（纳入落户和特殊物质待遇）；[3] 其二，是否应设立惩罚性违约金。

二、服务期协议不宜约定惩罚性违约金

根据违约金的不同功能，学理上将违约金分为两类：第一类为旨在担保合同履行的惩罚性违约金。于违约时，债务人除需支付违约金外，还需承担继续履行、赔偿损害等其他违约责任。[4] 第二类为旨在简化赔偿程序的赔偿性违约金，这类违约金是当事人双方预先估计的损害赔偿额，又叫作损害赔偿总额预定。从违约债务人的利益角度看，二者的重要区别在于：前者允许违约金的数额高于债务不履行的典型损害，后者则不允许。[5] 依我国劳动法学界的主流观点，劳动法中应禁止惩罚性违约金，因为惩罚性违约金会给劳动者带来过重的负担，严重限制劳动者的自由流动

---

〔1〕 参见北京市朝阳区人民法院（2016）京 0105 民初 47548 号民事判决书、北京市第三中级人民法院（2014）三中民终字第 09971 号民事判决书。

〔2〕 上海市高级人民法院《关于适用〈劳动合同法〉若干问题的意见》（沪高法〔2009〕73 号）。

〔3〕 参见郭昌盛："劳动法上违约金制度的反思与完善——以户口违约金条款的司法实践为例"，载《河北法学》2019 年第 10 期；问清泓："《劳动合同法》服务期制度之改进"，载《中国人力资源开发》2008 年第 8 期。

〔4〕 参见韩世远：《合同法总论》（第四版），法律出版社 2018 年版，第 824—825 页。

〔5〕 参见韩强："违约金担保功能的异化与回归——以对违约金类型的考察为中心"，载《法学研究》2015 年第 3 期。

和自主择业权利。[1]因此，劳动合同中的违约金数额只能限于实际损失。[2]少数学者则认为，应允许用人单位与强势劳动者约定惩罚性违约金，理由在于：若无惩罚性违约金，则强势劳动者就有可能在违约造成的损失不超出违约金数额的情况下，完全不顾用人单位对其"原先的投入"而任意违约。此种法律后果无疑会打击先行投入一方的积极性，鼓励不"投"而获的用人单位。[3]

依笔者之见，少数学者所言确为事实，引入惩罚性违约金似乎能够迫使强势劳动者履行服务期协议。然而，能够解决某一具体问题并不是引入某项制度的必要条件。劳动合同法应否引入惩罚性违约金，更多取决于其功能、功能的正当性以及与劳动法整体价值的吻合程度。惩罚性违约金的功能在于履行担保。就此而言，当事人之所以约定惩罚性违约金，主要是通过高额金钱对债务人施加一种压力，使债务人依照债之本旨履行。换言之，惩罚性违约金保护的是债务人的强制履行利益，而非获得高额赔偿。[4]惩罚性违约金体现了法律的价值选择：与客观公平原则相比，合同必须履行的原则更值得去实现。这一联系在比较法中也可得到印证：在重视合同实际履行价值的德国，《德国民法典》立法之初便认可了违约金的履行担保功能；而在以"损害赔偿为原则，强制履行为例外"

---

〔1〕 参见蔡吉恒："我国劳动合同立法比较研究"，载中国劳动法学研究会编：《劳动保障法学论丛》（第1卷），中国人事出版社2005年版，第103—104页。

〔2〕 参见冯彦君："劳动合同解除中的'三金'适用——兼论我国《劳动合同法》的立法态度"，载《当代法学》2006年第5期。

〔3〕 参见董保华："论劳动合同中的服务期违约金"，载《法律适用》2008年第4期。另外，董保华认为，即便只认可违约金的赔偿功能，《劳动合同法》第25条将专项技术培训服务期违约金限定于"用人单位的培训费用"的做法也难以弥补用人单位的全部损失。

〔4〕 王洪亮："违约金功能定位的反思"，载《法律科学（西北政法大学学报）》2014年第2期。

的英美法系，自然否定惩罚性违约金的效力。[1]

　　根据上述理解，既然惩罚性违约金的正当性基础为债权人的强制履行利益，那么在服务期协议中约定惩罚性违约金便再无正当性基础。因为服务期协议的标的正是在一定期限内对同一用人单位的劳动给付。与一般民商事合同相比，劳动给付义务的履行具有高度人格从属性。从具体劳动内容的指示，到劳动过程的控制与管理，考虑到普遍存在的八小时工作制，履行劳动给付义务对劳动者的健康状况、精神状态以及照顾家庭、发展自我等人格利益有着直接而深刻的影响。[2] 相比于用人单位强制履行的利益，与辞职权相伴的人格利益更值得法律保护。退一步说，即便相对强势劳动者的人格利益受劳动给付的影响较小（如他们可自由安排工作时间），强制履行原有的劳动合同则只会造成劳动者消极怠工，既无法实现服务期协议的目的，也会给企业和社会带来不必要的浪费。[3]

　　综上所述，服务期协议中的惩罚性违约金既无正当性，亦无必要性。当然，选择优先保护劳动者的辞职权并不意味着对用人单位利益的漠视。为平衡用人单位与劳动者利益，填平劳动者违约后用人单位的损害，完善服务期协议中的赔偿性违约金制度成为当务之急。

---

　　[1]　姚明斌："违约金双重功能论"，载《清华法学》2016 年第 5 期；王洪亮："违约金功能定位的反思"，载《法律科学（西北政法大学学报）》2014 年第 2 期。

　　[2]　这一点与离职竞业限制协议不同。离职竞业限制协议的标的是特定不作为义务，主要影响劳动者的经济利益和职业发展，对劳动者人格利益的影响较小。因此，离职竞业限制协议中的惩罚性违约金原则上应予认可。

　　[3]　侯玲玲："劳动者违约金约定禁止之研究"，载《当代法学》2008 年第 4 期。

三、赔偿性违约金的范围

1. 《劳动合同法》第 25 条的局限

赔偿性违约金制度又称损害赔偿总额预定制度。赔偿性违约金虽冠"违约金"之名，但其成立的前提并非"违约"本身，而是因违约而产生的损害。当然，这里的损害并非指实际损害，而是指某类违约行为造成的典型可期待的损害。[1] 从利益状况上看，债权人亦不能获得典型情形中赔偿之外的利益，只是在举证责任上，其无需证明损害确实发生以及损害大小。[2] 同时，债务人所支付的违约金亦未超出在典型情形中应支付的损害赔偿。当债务人有初步证据证明实际损害与预定总额（违约金数额）不符时，债权人须证明二者相符。

依学界主流观点，《劳动合同法》第 25 条中的违约金属于赔偿性违约金，且违约金的数额不得超过服务期尚未履行部分所应分摊的培训费用。根据赔偿性违约金的一般法理，可以推论：劳动者违反服务期约定的典型损害为"用人单位所支付的培训费用"。但这一认定存在以下疑问：在专项技术培训服务期协议中，用人单位支付的培训费和劳动者的服务期构成对待给付关系。劳动者提前辞职构成义务不履行，自然有义务返还剩余服务期应分摊的培训费用。从法教义学来看，返还培训费用更接近违约责任中的"减价"，而非以损害为结果的"损害赔偿"。就此而言，《劳动合同法》第 25 条中的违约金似乎只涉及"返还财产"，并未涉及"损害赔偿"。这也是部分学者认为《劳动合同法》第 25 条无法完全弥补用人单位损失的重要原因。基于此，完善劳动法中

---

〔1〕 Karl Larenz, Schuldrecht Allgemeiner Teil, Band I, Verlag C. H. Beck 2004, § 24 II, S. 384.

〔2〕 Brox/Walker, Schuldrecht AT, C. H. Beck Verlag, 47. Auflage. 2023, § 11, Rn. 8.

的赔偿性违约金制度，应先探讨违反服务期协议导致的"典型损害"。鉴于我国学界对劳动法中的违约损害赔偿的讨论较少，笔者在下文中将回溯民法中违约损害的类型，并结合劳动法的特点，确定违反服务期导致的"典型损害"范围。

2. 服务期违约中的"典型损害"

根据民法学界中的主流观点，因违约导致的损害也称履行利益损害，多表现为财产损害。财产损害依托于"差额假设"所认定的自然事实，以假设致损事由未发生时受害人本应拥有的财产总额，减去受害人现实的财产总额，得出的差额。[1] 履行利益损害通常包括实际损失（守约方既有财产的减少）和可得利益（本应增加的财产利益未增加）。

（1）实际损失

履行利益损害可能表现为实际损失，比如出卖人未交付所售货物，买受人去市场购买相同货物所支付的价金。在服务期协议中，劳动者提前辞职后，若要维持既有的生产运行状态，用人单位可以采取的措施有两种：一是把辞职劳动者的工作分摊给其他劳动者，并延长其他劳动者的工作时间，用人单位因此而支付的加班费即为实际损失；二是去劳动力市场招聘相同资质劳动者，为此额外花费的招聘费用则为实际损失。

问题在于，若用人单位需支付更高工资方能招聘相同资质劳动者，前后工资差额是否属于实际损失？如某公司为甲支付专项技术培训费用，甲获得相应资质后，其工资由 8000 元/月上涨至 10 000 元/月。甲在服务期内辞职后，该公司招聘相同资质的乙需开出 12 000 元/月的工资。那么，该公司额外支付的 2000 元/月是

---

[1] 参见姚明斌："《合同法》第 113 条第 1 款（违约损害的赔偿范围）评注"，载《法学家》2020 年第 3 期。

否应算作实际损失？此种情形多发于优秀劳动者与小公司之间。劳动者通过用人单位支付的费用获得了高价格和高收益的培训机会（如 MBA 课程），成为劳动力市场中的优秀人才。因为该用人单位提供的平台有限，与大公司相比，其必须通过支付"更高薪水"吸引相同资质劳动者。依笔者之见，上述"工资差额"亦应属于实际损失，理由在于：劳动者履行服务期协议时用人单位的"人力资源"状况为，以 10 000 元/月的对价获得劳动者提供的劳动给付。劳动者违约后应使用人单位的"人力资源"总额恢复至上述状态，即应补偿用人单位为此额外支付的工资差价。值得注意的是，为防止用人单位通过专项技术培训，在服务期内过分压低劳动者工资，劳动者补偿用人单位额外支付的工资差价不得高于本人工资。如劳动者服务期工资 10 000 元/月，但用人单位招聘相同资质劳动者需支付 24 000 元/月工资，此时劳动者需补偿的最高数额为：10 000 元/月×剩余服务期月数。

（2）可得利益

在一般民法中，可得利益强调"合同履行后可以获得的利益"，指向的是"守约方基于合同顺利履行本应增加的财产利益"。[1] 例如在房屋买卖合同中，一方违约导致守约方解除合同，则诉讼时房屋的升值部分即为可得利益。在专项技术培训服务期协议中，用人单位的可得利益即为劳动者因技能提升而给用人单位带来的利润。例如劳动者正在处理用人单位一个重大项目，其辞职后用人单位难以在合理期限内找到其他人员接替其工作，从而导致项目未取得预期效果，此时用人单位项目取得预期效果后的利益与获取的利益差额即为"可得利益"。但是，与一般合同关系不同，

---

〔1〕 参见姚明斌："《合同法》第 113 条第 1 款（违约损害的赔偿范围）评注"，载《法学家》2020 年第 3 期。

劳动关系中用人单位支付给劳动者的对价与劳动者创造的劳动成果具有不对等性，用人单位作为劳动成果的享有者和生产经营的管理者，更应承担经营风险，做好预案。也正因如此，劳动者违约给用人单位造成损失时，裁判机关一般会综合考虑劳动者的过错程度、收入状况及用人单位的管理责任和经营风险等，酌定劳动者赔偿损失的金额。[1] 劳动者违反服务期协议给用人单位造成的可得利益减少，与其他违约行为造成的损失，本质并无不同。根据"相同情形相同处理"的原则，笔者认为用人单位"可得利益"的损失原则上应属于用人单位的经营风险，不应被纳入劳动者的违约损害赔偿范围中，但劳动者存在恶意违反服务期约定行为的除外。

综上所述，劳动者提前离职违反服务期约定，应返还用人单位的培训费用并赔偿用人单位的实际损失。这样一来，《劳动合同法》第 25 条违约金的数额不宜局限于剩余服务期应分摊的培训费用。鉴于在司法实践中难以举证实际损失，也可以预先规定实际损失的总额（如劳动者离职前工资的 30%×剩余服务期月数）。劳动者有证据证明实际损失小于预定总额的，可申请减少违约金数额。

四、与有过失——赔偿性违约金的酌减的法定理由

因违约造成的实际损失不等于守约方"可得的赔偿范围"。在民法中，与有过失（守约方就损害的发生和扩大存在过失）和损益相抵（守约方因违约而获利），均可成为法院减轻甚至免除违约方所负赔偿责任的法定理由。[2] 最高人民法院《关于当前形势下

---

〔1〕　参见北京市第三中级人民法院（2021）京 03 民终 13114 号民事判决书。

〔2〕　姚明斌："《合同法》第 113 条第 1 款（违约损害的赔偿范围）评注"，载《法学家》2020 年第 3 期。

审理民商事合同纠纷案件若干问题的指导意见》（法发〔2009〕40号）第 10 条规定，可得利益损失（可赔偿的范围）=守约方主张的可得利益总额-违约方不可预见的损失-守约方不当扩大的损失-守约方因违约所获利益-守约方与有过失造成的损失-必要的交易成本。而 2020 年颁布的《民法典》第 592 条第 2 款更是明确规定了违约责任中的与有过失规则。笔者认为，与有过失和损益相抵规则亦应适用于劳动法的违约责任中。当然，鉴于用人单位因劳动者违反服务期约定而获益的情形较少，本书仅讨论与有过失规则在服务期违约责任中的适用。

与有过失的构成要件有二：其一，受害人或赔偿权利人须有过失；其二，赔偿权利人的行为须助成损害的发生。[1] 由此推知，若劳动者是因为《劳动合同法》第 38 条中的情形而被迫辞职，劳动合同以及服务期协议不能履行而造成的损害的根本原因在于用人单位的行为，劳动者提前辞职的行为不构成违约，用人单位不得要求劳动者支付违约金。这些情形包括：未及时足额支付劳动报酬和未缴纳社会保险；未按劳动合同约定提供劳动保护或劳动条件（如劳动者向用人单位反映遭受性骚扰，但用人单位不处理，致使劳动者遭受严重精神创伤）等。

值得注意的是，若用人单位存在一定过失行为，但其严重程度未达到《劳动合同法》第 38 条的情形时该如何处理？如用人单位一直及时足额支付劳动报酬，但在某一周期并未及时支付，劳动者是否有权解除劳动合同及服务期协议？依据体系解释，《劳动合同法》第 38 条的情形须达到"根本违约"状态，即不能期待劳动者继续履行劳动合同。根据用人单位的一贯表现，劳动者应首先选择与用人单位相关部门进行沟通，若沟通后用人单位仍无理

---

[1] 韩世远：《合同法总论》（第四版），法律出版社 2018 年版，第 800 页。

由拒绝支付劳动报酬，劳动者方可全部免除支付违约金的义务。若劳动者未经沟通即辞职，则应按用人单位与劳动者的过错程度，相应降低违约金的数额。该规则同样适用于用人单位对职场霸凌和性骚扰的处理。如用人单位虽采取了一定的干预手段，但并未彻底制止霸凌和性骚扰现象或处理结果有失公允，则亦应根据用人单位的过错程度对违约金数额进行酌减。除此之外，若用人单位利用服务期规则恶意压低劳动者工资，致使其劳动所得远低于劳动力市场同岗位平均工资，该行为亦可能构成与有过失。劳动者因此提前辞职的，可申请降低违约金数额。

第四节　飞行员服务期纠纷的解决方案

一、飞行员服务期纠纷的困境

为促进民营航空领域的竞争，中国民用航空总局（现为中国民用航空局）于 2003 年批准民营资本进入航空领域，取消飞行员地域流动的限制，建立了航空领域的劳动力市场。由于我国航空领域劳动力市场"供小于求"，各航空公司之间人才竞争非常激烈。为调节航空公司与飞行员的辞职纠纷，中国民用航空总局等五部委（室）于 2005 年正式下发了《关于规范飞行人员流动管理保证民航飞行队伍稳定的意见》（民航人发〔2005〕104 号），明确航空运输企业招用其他航空运输企业在职飞行人员的，应当与飞行人员和其所在单位进行协商，达成一致后方可办理有关手续，并应根据现行航空运输企业招收录用培训飞行人员的实际费用情况，参照 70 万元至 210 万元的标准向原单位支付费用。但这一规定并未缓和飞行员与航空公司之间的劳资矛盾，2008 年的"东航返航事件"更是引发了社会的广泛关注。

2014 年，由中国航空运输协会和中国民航飞行员协会共同组织，两家协会、四大航空集团、38 家国内航空公司以及 4 名飞行员代表在北京签署了《航空公司飞行员有序流动公约》。2018 年在飞行员有序流动会议上，又通过了该公约的修订版。该公约规定，各公司飞行员流出幅度原则上不超过 1%。飞行员的"转会费"应由上、下家协商确定，尽可能避免和减少劳动争议仲裁和法院诉讼。

在司法实践中，地方司法机关往往会严格按照《关于规范飞行人员流动管理保证民航飞行队伍稳定的意见》的规定，将飞行员的违约金数额限制在 210 万元。[1] 但遗憾的是，司法判决未能起到定分止争的作用。许多航空公司认为，即便飞行员按照《关于规范飞行人员流动管理保证民航飞行队伍稳定的意见》规定的最高数额（210 万元）赔偿，亦无法弥补飞行员辞职给航空公司造成的损失（从飞行员与航空公司协商的案件来看，违约金数额多为 300 万元至 500 万元）。因此，各个航空公司设定了较为苛刻的离职条件（如某航空公司规定离职的条件是"至少工作满 10 年"）。为了防止飞行员提前离职，在飞行员提出离职后，往往不配合转移飞行档案，致使飞行员长时间无法入职新的航空公司。[2] 这不仅造成了劳资双输的局面，也是对航空劳动力资源的巨大浪费。

飞行员服务期纠纷案件之所以存在上述困境，主要原因在于飞行员培训与其他专项技术培训的差异性。在教育社会化的背景下，企业所需的劳动力通常由社会教育机构完成（如承担高等教

---

〔1〕 参见北京市第三中级人民法院（2022）京 03 民终 8132 号民事判决书。

〔2〕 米吱："跳槽先赔几百万再赚几百万，也就这个职业了"，载 http://k. sina. com. cn/article_ 1653689003_ 62914aab019012emw. html，最后访问日期：2023 年 2 月 28 日。

育的大学和职业教育学校）。换言之，就某一行业所需的劳动者而言，其能力基本主要由学校完成，企业提供的专业技术培训多为"锦上添花"。但对于飞行员而言，除部队培训和个人培训外，航空公司的培训是从零开始的过程。正因如此，飞行员相对于其他行业劳动者具有高度稀缺性。[1] 基于此，相比于其他类型的服务期纠纷案件，一方面，航空公司更难以计算对某一飞行员的培训费用和飞行员离职后给航空公司造成的损失；另一方面，飞行员对航空公司的人格从属性更强，其劳动权益和与此相伴的利益（如安定居所、子女上学问题）更容易受到侵害。

二、可能的出路：飞行员"转会"制度

与飞行员相似，足球（篮球）俱乐部对足球（篮球）运动员的培训也是"从无到有"的过程。基于二者的相似性，我国一些学者建议，借鉴足球（篮球）运动员的转会制度来规范飞行员的流动问题。[2] 但这些学者忽略了以下问题：《球员身份与转会规则》（Regulations on the Status and Transfers of Players，RSTP）里面涉及的转会费也是培训费补偿机制（RSTP 第 20 条与附件 4），多适用于青训足球运动员。对于具有重大商业价值的足球运动员，其转会费的确定多数为双方协商的结果，非法律直接干预的结果。在我国飞行员服务期纠纷案件中，作为劳动者的当事人并不是刚刚接受完基本培训的初级飞行员，多数为具有丰富飞行经验的高级飞行员乃至机长。因此，我国飞行员的"转会费"规则不宜借鉴 RSTP 第 20 条和附件 4。但与此同时，我国高级飞行员在与航空

---

〔1〕　参见侯玲玲："劳动者违约金约定禁止之研究"，载《当代法学》2008 年第 4 期。

〔2〕　参见冯彦君、王天玉："劳动合同服务期规则的适用——以'东航返航事件'为切入点"，载《当代法学》2009 年第 4 期。

公司的博弈中仍处于相对弱势地位，其与明星球员的博弈力量不可同日而语。就博弈力量而言，我国高级飞行员与青训球员又有相似之处。有鉴于此，将飞行员服务期期限交由集体协商，高级飞行员转会费的确定交由市场机制，并通过法律规则搭建协商的制度平台可能为更优选择。

根据 RSTP 相关规定，平衡足球俱乐部与球员利益的规则主要为转会窗口制度和正当理由解约制度。转会窗口制度主要指球员只能在特定期间进行转会，即每赛季两次注册期内。具体指上赛季结束至新赛季开始期间（不超过 12 周）以及赛季中期（不超过 4 周）。借鉴这一规则，可先通过集体协商确定飞行员在各个阶段的服务期，并进一步规定在服务期的前半段时间禁止转会，实现航空公司进行人力资源的投资收益。[1] 同时，在允许转会的后半段时间，也可设置飞行员转会的窗口期，如可规定飞行员在航空淡季（如每年 11 月至 12 月）转会。

法律通过服务期和转会窗口规则保护航空公司利益的同时，也应保证飞行员在服务期内的合法权益。这一点可借鉴 RSTP 中的正当理由解约制度，即在具备正当理由的情形下，足球运动员提前解除合同不构成违约，足球俱乐部不可要求其补偿培训费用和转会费。RSTP 第 14 条和第 15 条规定，正当解约理由分为"虐待行为"和"欠薪"。根据 RSTP 第 14 条，"虐待行为"是指迫使合同另一方变更或终止合同的行为。典型的"虐待行为"包括俱乐部延长球员与其他球员的隔离时间、迫使其单独训练、不允许球员参加除训练和比赛之外的所有活动、减少队员的理疗和医疗实践、要求队员腾房等。[2] 值得注意的是，并不是俱乐部出现一次

〔1〕 参见冯彦君、王天玉："劳动合同服务期规则的适用——以'东航返航事件'为切入点"，载《当代法学》2009 年第 4 期。
〔2〕 CAS2018/A/6401 Theofanis Gekas v. Akhisar Belediye Genclik.

上述行为球员就可解约，而是要考虑上述行为出现的次数和频率，以及解约是否为最后救济手段。[1] 依笔者之见，判断飞行员是否具备正当解约理由可重点考虑航空公司安排的飞行时间与休息时间是否顾及飞行员的身体健康、是否适当顾及飞行员的家庭利益、是否无理由不安排飞行等，从而达到限制航空公司滥用雇主权利之目的。

---

[1]　CAS 2014/A /3693 Spor Lisboa e Benfica v. Leandro da Silva.

第五章

约定竞业限制协议

第一节　约定竞业限制概述

一、竞业限制的概念和类型

竞业限制，又称"竞业禁止"，是指用人单位与劳动者约定，劳动者在职期间或终止、解除劳动合同后的一定期限内不得在生产同类产品、经营同类业务或有其他竞争关系的用人单位任职。在商业竞争中，无论是技术信息、客户名单还是培训方式，都有可能成为企业取得竞争优势的有力武器，成为企业的商业秘密。假若法律不允许竞业限制，则会导致企业通过高价吸引竞争对手企业的员工获得竞争优势。自主研发的企业却因为无法提供相同高水平的劳动报酬而"人财两空"。因此，为保护商业秘密，鼓励企业自主研

发，法律通常允许企业设定竞业限制。这即是竞业限制的正当性
基础。

　　根据竞业限制义务的来源，竞业限制可分为法定竞业限制和
约定竞业限制。法定竞业限制的来源为制定法，无论双方当事人
是否约定，法律关系一方均负有竞业限制义务。典型例证为《中
华人民共和国公司法》（以下简称《公司法》）第148条第1款第
5项规定的董事及经理的竞业禁止义务和劳动关系中劳动者在职期
间的竞业限制义务。后一义务的制定法依据为《劳动合同法》第3
条第1款。依此规定，订立劳动合同，应当遵循合法、公平、平等
自愿、协商一致、诚实信用的原则。其中，诚实信用原则要求人
们追求自己的利益时尽可能顾及他人利益。[1]虽然这一条款仅涉
及劳动合同的订立，但劳动合同的履行亦应受诚信原则之约束，
这已成为我国学界[2]的共识。基于此，劳动者在履行劳动合同时
（即在职期间）负有保守用人单位商业秘密的义务。与法定竞业限
制不同，约定竞业限制的来源为当事人的明确约定，终止或解除
劳动关系后的竞业限制（即离职竞业限制）即属此类。换言之，
当用人单位与当事人未通过劳动合同中的条款或其他附加协议约
定竞业限制时，劳动者离职后不负有竞业限制义务。

二、约定竞业限制的制度框架及现存问题

　　约定竞业限制固然可促进企业研发投资，间接促进经济发展，
但是它对劳动者的负面影响亦不能忽略：竞业限制使劳动者在离
职后无法在自身最擅长的领域就业，近期影响工作收入，远期影
响职业发展。有鉴于此，各国法律在认可约定竞业限制的同时，

---

〔1〕　参见韩世远：《合同法总论》（第四版），法律出版社2018年版，第53页。
〔2〕　参见阎天：《知向谁边——法律与政策之间的劳动关系》，中国民主法制出版
社2022年版，第90页。

也会限制竞业限制的期限、地域和范围，同时要求用人单位支付经济补偿。我国《劳动合同法》第 23 条和第 24 条规定了竞业限制的适用人群（高级管理人员、高级技术人员和其他负有保密义务的人员）、最长期限（两年）以及用人单位按月向劳动者支付经济补偿的义务。上述规定为约定竞业限制划定了法定界限，竞业限制协议内容超出以上范畴的，则因违反强行法而直接归于无效。由此推知，裁判机关审查竞业限制协议是否合法时，应审查劳动者是否属于竞业限制适用人群、竞业限制期限是否超过两年。但在司法实践中，劳动者以自己不属于保密人员为由提出抗辩时，法院往往以意思自治为由不予采纳。这等于说法律对竞业限制适用人群的法定限制可以被约定排除，实在难言正当。实践中，仅有少数案件中劳动者被认定不属于竞业限制人员，如河北省邯郸市中级人民法院（2017）冀 04 民终 3502 号民事判决认为，劳动者从事普通美术教师工作，学校未证明劳动者掌握核心业务秘密，故劳动者不属于竞业限制义务人员。

若竞业限制协议中的劳动者属于高级管理人员、高级技术人员，或因工作原因接触了应受保护的商业秘密，只要竞业限制期限不超过两年，其他内容由当事人自由约定。如前所述，根据订立竞业限制协议时双方当事人的自由度，法律对其协议的干预也有所不同：完全体现当事人合意的竞业限制协议，其内容以不违反强制性规定和公序良俗为限；若用人单位拟定竞业限制协议时未与劳动者协商，竞业限制协议构成格式条款，其内容应受《民法典》第 496 条至第 498 条格式条款规则的约束。《劳动合同法》实施以来，有关离职竞业限制的纠纷不断涌现，并渐而集中于以下几大问题：其一，未约定经济补偿的离职竞业限制协议是否有效？其二，如何判断离职竞业限制内容是否合法？其三，以股权激励替代经济补偿金是否合法？其四，"低劳动报酬+高经济补偿"

的效力如何判断？其五，如何判断违约金的数额是否合理？若不合理，如何酌减？这些疑问的解答，既需要综合运用文义解释、立法者原意解释、体系解释、目的解释等法律解释工具，也需要运用以比例原则为基础的利益衡量和价值权衡等法律续造工具。本章通过梳理有关学说，结合司法判例，尝试回答前四个问题。违约金的数额与酌减可参考本书第四章第三节赔偿性违约金的范围和酌减中提到的方法予以确认。

第二节　未约定经济补偿的竞业限制协议之效力

实践中，有些企业在劳动合同中约定离职竞业限制条款，但是没有约定经济补偿。该条款的效力如何？劳动者是否有义务遵守竞业限制协议？在《劳动合同法》制定之前，该问题已在理论界和实务界引发争议，存在有效说[1]和无效说[2]两种观点。《劳动合同法》首次实施五年后，最高人民法院发布了《关于审理劳动争议案件适用法律若干问题的解释（四）》。其中虽未明文规定未约定经济补偿之竞业限制协议的效力，但依据第6条和第8条，劳动者履行了竞业限制协议后，可要求用人单位按照劳动者在劳动合同解除或终止前12个月平均工资的30%按月支付经济补偿；用人单位3个月未支付经济补偿的，劳动者可请求法院解除竞业限制协议。据此，最高人民法院民事审判第一庭认为，竞业限

---

[1]　如桂菊平："竞业禁止若干法律问题研究"，载《法商研究（中南政法学院学报）》2001年第1期。

[2]　如冯彦君、王佳慧："我国劳动法中应设立竞业禁止条款——兼谈弥补我国《劳动法》第22条的立法缺失"，载《吉林大学社会科学学报》2002年第6期；臧云霄："浅谈竞业禁止条款的效力及纠纷的管辖"，载《中国劳动》2003年第12期。

制协议不因未约定经济补偿金而无效。[1] 自此之后，多数地方裁判机关对该类协议的效力予以认可。

梳理各方观点可知，其论证主要分两个方向：一是规范分析，即未约定经济补偿的竞业限制协议是否因违反强制性规定而无效，论证重点为《劳动合同法》第 23 条的性质以及违反强制性规定的法律后果。二为后果分析，即若判定未约定经济补偿的竞业限制协议无效，对双方当事人和社会公共利益的影响。笔者认为，从法教义学角度而言，系争问题本质为违反《劳动合同法》第 23 条的法律后果。要解答这一疑问，应首先厘清《劳动合同法》第 23 条是否属于强制性规定。若《劳动合同法》第 23 条属于强制性规定，原则上应依据《劳动合同法》第 26 条第 1 款第 3 项的规定判定上述协议全部无效或部分无效。而上述条款是否全部无效，则取决于《劳动合同法》第 23 条的立法目的。

一、《劳动合同法》第 23 条的强制性判断

某一法律条款是否属于强制性规定，往往并未直接写于制定法中，而是需要通过解释予以判定。就形式而言，精准的用词能够传达出强制性规定的信息。若法律条款中含有“应当”“不应”“不许”等词语，一般可推知其具有强行法属性。[2] 根据《劳动合同法》第 23 条的规定，用人单位“可以”在劳动合同或者保密协议中与劳动者约定竞业限制条款，并约定在解除或者终止劳动合同后，在竞业限制期限内按月给予劳动者经济补偿。依此文字表述，《劳动合同法》第 23 条似乎为任意性规范。

---

〔1〕　最高人民法院民事审判第一庭编著：《最高人民法院劳动争议司法解释（四）理解与适用》，人民法院出版社 2015 年版，第 14 页。

〔2〕　参见朱庆育：《民法总论》（第二版），北京大学出版社 2016 年版，第 52 页；王轶：“论合同法上的任意性规范”，载《社会科学战线》2006 年第 5 期。

　　然而，强制性规定的判定不能仅依据其形式，更应依其规范意旨，即是否旨在限制私法自治。[1] 在一般民法领域，限制私法自治的正当性基础来源于维护社会公共秩序，[2] 维护国家、集体和第三人利益以及防止当事人之间的利益、负担和风险分配显著失衡。[3] 在劳动法领域，因劳动者在经济实力、信息获取和社会地位上与用人单位的差距，其私法自治在劳动合同订立的过程中极易受限。因此，劳动法中的强制性规定除担负维护社会公共秩序的功能之外，还担负着保障劳动条件的底线，防止双方利益过度失衡的功能（例如以工时制度和工资制度为核心的劳动基准规定）。那么，《劳动合同法》第23条的经济补偿规定是否至少担负了其中一种功能呢？这取决于支付经济补偿这一义务的对待给付义务，以及对待给付义务给劳动者带来的影响。

　　如前所述，支付经济补偿的对待给付义务为劳动者在解除或终止劳动关系一段时间内的不作为义务，其范围是针对原工作单位的同业竞争行为和业务的工作。按轻重程度划分，这一义务可能对劳动者造成的影响为：

　　第一，劳动者不具备从事竞业限制协议以外工作的能力。如在李成刚与百度在线网络技术（北京）有限公司劳动争议案[4]中，竞业限制的内容为，原告从被告处离职一年内不得从事与百度或其关联公司从事或拟从事的业务，和/或与百度或其关联公司所经营的业务相同、近似或相竞争的其他业务，包括但不限于：搜索、门户网站、C2C业务、信息技术、通信类业务、即时通信、手机

〔1〕　Dieter Medicus, Allgemeiner Teil des BGB, S. 82.
〔2〕　参见朱庆育：《民法总论》（第二版），北京大学出版社2016年版，第294页。
〔3〕　Karl Larenz, Allgemeiner Teil des Bürgerlichen Rechts: Ein Lehrbuch, S. 31 ff.
〔4〕　参见北京市第一中级人民法院（2019）京01民终4177号民事判决书。

浏览器、地图、移动互联网服务、视频影音业务、自媒体、云计算服务、第三方支付、互联网金融、深度学习研究、语音学习、图像识别、文本挖掘、多媒体检索、人机交互、无人车等，以及研发、销售与人工智能、机器人相关领域的经营组织及其分公司、子公司、关联公司相关业务。在该案中，劳动者凭借原先积累的工作能力能够就业的范围几乎全被竞业限制协议覆盖，而劳动者又因为高强度工作无法训练自己的其他职业能力，从事竞业限制协议范围以外工作的可能性几乎为零。在这种情形下，劳动者可能会失去大部分生活来源，经济补偿的作用是为劳动者提供基本生活保障。

第二，劳动者仍具备从事竞业限制协议范围以外工作的能力，但由于无法利用原先积累的工作技能、专业知识和客户群体，其收入与原先工作相比存在巨大差距。此时，经济补偿金的直接作用为弥补竞业限制导致的收入降低。然而，遵守竞业限制协议不仅会导致劳动者收入降低，还会影响劳动者后续的职业发展和自我实现：对于经过长期训练学习，掌握特定专业与技能的劳动者而言，从事特定工作并以此获得工资报酬不仅是其谋取自身生存之道的途径，而且是其获得技能提升、收入提升、工作成就乃至人生价值实现的最主要方式。[1] 因此，即便劳动者具备从事非竞争工作的可能性，就其职业发展道路而言，一年至两年其他领域的工作可能不但无法弥补机会成本，还有可能带来其他消极影响，毕竟从事其他工作即意味着新工作技能和专业知识的生疏。换言之，除非劳动者面临经济困难，否则就其职业发展而言，对其最有利的选择是不从事一切工作。有鉴于此，支付经济补偿的对待

---

[1] 秦国荣："约定竞业限制的性质判定与效力分析"，载《法商研究》2015年第6期。

给付义务带给劳动者的影响不能以劳动者可以从事非原单位竞争业务为前提，而应以该劳动者因遵守该竞业限制协议而不为一切工作为前提。[1] 若允许劳资双方通过约定排除经济补偿，则会造成双方当事人利益极度失衡。就此而言，《劳动合同法》第 23 条担负了保障劳动者生存[2]和防止利益失衡的功能，应属于强制性规定。[3]

二、违反强制性规定的法律后果

尽管我国学界和实务界的主流观点认可《劳动合同法》第 23 条的强行法属性，但部分学者仍坚持认为，未约定经济补偿的竞业限制协议继续有效。其理由在于：其一，《劳动合同法》第 23 条虽为强制性规定，但其并非禁止性规定，强制性只是体现在"只要约定竞业限制协议，则必须同时约定经济补偿"。[4] 其二，在现行法中，合同条款违反强制性规定未必导致条款全部无效。[5] 其条款是否应全部无效，取决于条款全部无效后对双方当事人的利益影响。其三，若判定未含有经济补偿的竞业限制协议无效，则企业的商业秘密无法得到保护。商业秘密的泄露会给企业竞争

---

〔1〕 参见秦国荣："约定竞业限制的性质判定与效力分析"，载《法商研究》2015年第 6 期。

〔2〕 参见冯彦君、王佳慧："我国劳动法中应设立竞业禁止条款——兼谈弥补我国《劳动法》第 22 条的立法缺失"，载《吉林大学社会科学学报》2002 年第 6 期；周宏峰："未给予经济补偿的竞业限制约定是否有效"，载《中国社会保障》2007 年第 11期。

〔3〕 参见朱军："未约定经济补偿对离职竞业禁止协议效力的影响——基于离职竞业禁止案例的整理与研究"，载《华东政法大学学报》2012 年第 1 期。

〔4〕 最高人民法院民事审判第一庭编著：《最高人民法院劳动争议司法解释（四）理解与适用》，人民法院出版社 2015 年版，第 14 页。

〔5〕 最高人民法院民事审判第一庭编著：《最高人民法院劳动争议司法解释（四）理解与适用》，人民法院出版社 2015 年版，第 14 页。

带来严重负面影响，甚至威胁企业生存。[1] 这与《劳动合同法》第 23 条保护商业秘密以保护企业市场竞争优势的意旨不相符。同时，竞业限制协议的无效也会使已经履行竞业限制义务的劳动者无法主张经济补偿。[2]

依笔者之见，"有效说"的论证虽有部分可取之处，但并不能当然推导出"未约定经济补偿之竞业限制协议有效"之结论。违反强制性规定对法律行为效力的影响，取决于具体强制性规定之类型。若某强制性规定是为维护社会公共秩序而设立的禁止性规定，则违反该强制性规定的后果为全部无效。此类强制性规定亦称为绝对强制性规定。[3] 如《中华人民共和国刑法》第 347 条第 1 款规定："走私、贩卖、运输、制造毒品，无论数量多少，都应当追究刑事责任，予以刑事处罚。"若甲、乙约定运送若干大麻蛋糕，则该约定因违反禁止性规定而全部无效。但若某一强制性规定的目的在于防止双方当事人利益、负担和风险过度失衡，则需考量全部无效是否为平衡当事人利益的最佳方案。如根据《德国商法典》第 74 条第 2 款之规定，在竞业限制协议确定的竞业限制期限内，雇主每年应向受雇人支付补偿金，且补偿金数额不得低于依其原雇佣合同最后一次所应支付的报酬金额的一半，否则该竞业限制协议不生效力。但该法第 74a 条同时规定，若劳动者选择遵守竞业限制协议，则竞业限制部分有效，且雇主应按法定数额支付补偿金。由此可知，法律对违反该强制性规定的法律行为的

---

[1] 朱军："未约定经济补偿对离职竞业禁止协议效力的影响——基于离职竞业禁止案例的整理与研究"，载《华东政法大学学报》2012 年第 1 期。

[2] 最高人民法院民事审判第一庭编著：《最高人民法院劳动争议司法解释（四）理解与适用》，人民法院出版社 2015 年版，第 14 页。

[3] 金可可："强行规定与禁止规定——论《合同法》第 52 条第（五）项之适用范围"，载王洪亮等主编：《中德私法研究》（13），北京大学出版社 2016 年版。

"惩罚"，亦可通过全部无效以外的方式进行。[1] 就此而言，"有效说"第一点和第二点论证理由值得肯定。

由此可见，违反强制性规定之法律后果，体现了利益衡量之后的价值选择。这一点与"有效说"的后果论证方式不谋而合。依据"有效说"的论证理由，若竞业限制协议仅因未约定经济补偿而无效，会导致商业秘密泄露，进而给企业造成巨大的经济损失。而承认"有效+经济补偿"的模式可以更好地平衡双方利益。然而，"有效+经济补偿"模式虽然达到了给付和对待给付的均衡，却忽略了该种模式下劳资双方达到均衡状态所需付出的成本：其一，在长达3个月的时间内，劳动者即便未获得经济补偿，仍需遵守竞业限制，对劳动者造成的经济负担不言而喻。其二，若用人单位坚持不支付经济补偿金，劳动者必须通过仲裁或诉讼才能获得法律规定的补偿。换言之，劳动者实现给付均衡需付出机会成本。[2] 相反，用人单位即便败诉，也仅需履行其按法律规定本应履行的义务。在这种情形下，不约定经济补偿反而成为用人单位更为"理性"的选择，从而使得劳动者权益进一步受损。换言之，"有效+经济补偿"的无效后果虽然避免了"巨大经济损失"，但也导致了另一后果：增加劳动者维权成本，鼓励用人单位违法，进而损害了法律权威。相反，"全部无效"模式的确可能会导致用人单位商业秘密泄露，进而造成巨大经济损失，但该后果并非全然无法避免，因在签订竞业限制协议时，用人单位一般具备获知《劳动合同法》第23条至第24条乃至最高人民法院《关于审理劳动争议案件适用法律问题的解释（一）》（以下简称《劳动争议解释（一）》）第36条规定的能力，约定至少为原月平均工资数

---

〔1〕　Armbrüster, in: Münchener Kommentar zum BGB, BGB § 134, Rn. 120.

〔2〕　参见秦国荣："约定竞业限制的性质判定与效力分析"，载《法商研究》2015年第6期。

额 30% 的经济补偿。用人单位有能力约定而未约定时，其产生的不利后果是否亦应自行承担？"有效+经济补偿"模式实质上是以加重劳动者维权成本的代价帮助用人单位避免了风险，对劳动者难言公平。

有鉴于此，笔者认为未约定经济补偿的竞业限制协议原则上应全部无效。但在以下情形中，可认为竞业限制协议继续有效：①劳动者选择遵守竞业限制协议，并要求支付经济补偿。基于此，《劳动争议解释（一）》第 36 条第 1 款首先应解释为法律赋予劳动者的选择权。其次，本条中"月平均工资的 30%"应解释为经济补偿金的最低标准。劳动者要求用人单位支付的经济补偿高于该数额时，裁判机关应根据竞业限制协议的范围判定。②全部无效会导致双方利益极度失衡，如劳动者可能会利用商业秘密获得经济利益，同时造成用人单位重大经济损失。但为促使用人单位拟定竞业限制协议时充分顾及劳动者利益，可借用未签订书面劳动合同双倍工资机制，提高用人单位违法成本。换言之，若要竞业限制协议有效，用人单位不仅要支付经济补偿，还要支付"额外费用"，用以补偿劳动者的机会成本。

第三节　竞业限制协议内容的合法性审查

一、竞业限制协议内容的合法性不宜以约定为准

就竞业限制协议本身而言，时间、地域、禁止劳动者从事的业务领域以及经济补偿是其核心内容。在竞业限制争议案件中，主张竞业限制协议内容无效是劳动者的诉求之一。[1] 一些学者认

---

[1] 刘正赫："竞业限制前沿观察：从数据看趋势"，载《法人》2022 年第 5 期。

为，只要竞业限制时间不长于两年，经济补偿不低于离职前 12 个月平均工资的 30%，应以双方当事人约定为准。[1]与此相应，在我国司法实践中，裁判机关很少对竞业限制协议内容的合法性进行实质性审查。

依笔者之见，上述观点失之偏颇。[2]竞业限制协议中的劳动者不属于高级管理人员和高级技术人员时，其与用人单位签订的竞业限制协议实为格式条款，应受《民法典》第 496 条中公平原则的约束。从比较法上看，很多国家法律均对竞业限制协议提出了"均衡性"要求：《德国商法典》第 74a 条第 1 款规定，竞业限制协议内容（时间、地点、领域和经济补偿金）给劳动者的发展造成不合理困难（unbillige Erschwerung）时，竞业限制协议无效。又因该条中的"不合理困难"与《德国民法典》第 307 条（一般交易条款内容控制规则）中的"不恰当不利"的内涵几乎一致，法院依据《德国商法典》第 74a 条第 1 款对竞业限制协议效力的审查即为均衡审查。[3]美国一些州的法院认为，竞业限制协议中的期限、区域和禁止的营业范围等必须合理，不可过于苛刻。[4]在英国法律中，期限较长或地理范围较大的竞业限制协议不会得到法院支持。[5]法国司法判例则会考虑竞业限制协议对劳动自由

---

〔1〕　参见曾竞："劳动者违反竞业限制义务的认定与责任竞合问题研究"，载《法律适用》2020 年第 4 期。

〔2〕　相似观点参见单海玲："雇员离职后的竞业禁止"，载《法学研究》2007 年第 3 期；张妮、王全兴："离职竞业限制协议的效力问题探讨——兼论商业秘密法律保护手段选择"，载《法学杂志》2011 年第 10 期。

〔3〕　Däubler/Bonin/Deinert：AGB-Kontrolle im Arbeitsrecht, München 2014，§ 307, 74a.

〔4〕　参见江锴：《竞业限制法律制度问题研究》，上海三联书店 2021 年版，第 133—134 页。

〔5〕　［英］史蒂芬·哈迪：《英国劳动法与劳资关系》，陈融译，商务印书馆 2012 年版，第 261 页。

权利和从业自由权利的影响程度。[1] 基于此，我国裁判机关应在个案中识别竞业限制协议所涉及的利益和价值，并依据价值位阶和重力公式予以权衡。

二、竞业限制协议中的利益/价值权衡

1. 利益识别：保护商业秘密与职业发展及收入保障

展开利益权衡和价值权衡，要先识别竞业限制协议中值得法律保护的利益。如前所述，离职竞业限制的正当性来源于保护商业秘密的正当性。所谓商业秘密，是指不为公众所知悉，具有商业价值，并经权利人采取相应保密措施的技术信息、经营信息等商业信息。其中，技术信息包括与技术有关的结构、原料、组分、配方、材料、样品、样式、植物新品种繁殖材料、工艺、方法或其步骤、算法、数据、计算机程序及其有关文档等信息。经营信息则主要指与经营活动有关的创意、管理、销售、财务、计划、样本、招投标材料、客户信息、数据等信息。这些信息一方面体现着用人单位大量的投入，另一方面则是用人单位的竞争优势。法律之所以保护用人单位的商业秘密，维护其竞争优势，是因为激励机制通常是促进技术创新和经营创新的最佳手段。因劳动者在劳动过程中接触商业秘密不可避免，离职竞业限制作为保护商业秘密的手段亦应得到法律认可。因此，厘定竞业限制协议中用人单位值得保护的利益，亦应以保护商业秘密的必要性为判断标准。如若竞业限制协议中所体现的用人单位利益并非保护商业秘密或超出了商业秘密保护的必要性，则不应被法律认可，亦不能参与之后的利益衡量和价值权衡。

---

[1] 郑爱青："从英法劳动法判例看劳动法上的忠实义务与竞业限制条款——对我国《劳动合同法》规范竞业限制行为的思考和建议"，载《法学家》2006 年第 2 期。

一些国家的立法和判例体现了上述原则。如《德国商法典》第 74 条规定，竞业限制协议的目的必须为保护雇主在营业上的正当利益（Berechtige Interesse）。根据德国联邦劳动法院判例，抽象的"维持雇主竞争优势"并不足以证明所保护的利益是"正当"的。雇主应举证证明，若雇员离职后在某领域从业，雇员有使用或泄露雇主商业秘密的机会和条件。[1] 判断雇员是否具备这样的机会和条件，既须考虑具体的工作领域，也须考虑雇员在职时的岗位以及离职时掌握商业秘密的程度。[2] 法国判例则认为，应结合雇员接触雇主"核心"信息的可能性和与客户关系的紧密程度来判断竞业限制协议是否必要。[3] 近 20 年来，我国一些法院的判决也强调有效的竞业限制协议必须只能用来保护商业秘密。[4] 如陕西省高级人民法院在王伟、勉县协和医院竞业限制纠纷案中认为："就王伟从事的工作性质来讲，其所能接触到的患者治疗步骤、治疗方法、质控方案、用药配方等，至少对患者家属是应当公开的，也可以通过患者家属公知于他人，不属于商业机密。而医院的津贴补贴发放、培训费发放资料、工资架构、财务制度等对医院的工作人员亦不属于需要特别进行保密限制的商业秘密。"[5]

对于劳动者而言，遵守竞业限制协议首先意味着收入降低。相比于原有的工作领域，劳动者通常因无法凭借积累的工作技能和工作经验获得竞争优势而失业。即便劳动者能够在新领域就业，

---

〔1〕 BAG 21.4.2010, 10 AZR 288/09, NZA 2010, 1175.

〔2〕 BAG 21.4.2010, 10 AZR 288/09, NZA 2010, 1175.

〔3〕 参见郑爱青："从英法劳动法判例看劳动法上的忠实义务与竞业限制条款——对我国《劳动合同法》规范竞业限制行为的思考和建议"，载《法学家》2006 年第 2 期。

〔4〕 如北京市海淀区人民法院（2005）海民初字第 5598 号民事判决书；苏州市中级人民法院（2016）苏 05 民终 9139 号民事判决书。

〔5〕 陕西省高级人民法院（2021）陕民申 2015 号民事裁定书。

其收入亦有可能降低。除收入降低外，竞业限制还会阻碍劳动者
的职业发展：劳动者如果从事与原雇主进行竞争的同业工作，其
不仅可以保持原有的收入水平（甚至提高），还可继续提升工作技
能、积累工作经验和人脉资源，从而在劳动力市场中获得更大的优
势。[1] 即使劳动者有意在竞业限制期满后重回熟悉领域工作，亦
有可能面临工作技能生疏的困难。由此可知，尽量降低竞业限制
对自身职业发展和收入水平的影响，构成了劳动者的核心利益，
而此背后的价值则是劳动者的生存与自由。

2. 保护商业秘密与职业发展及收入保障的权衡

依《德国商法典》第 74 条，裁判机关审查竞业限制协议的效
力分为两步：第一步审查其所欲保护的商业秘密是否属于法律认
可的保护范围，即用人单位的利益是否正当；第二步审查为保护
该正当利益所牺牲的代价是否合理，即是否为劳动者的职业发展
造成不合理的障碍。[2] 除竞业限制的期限、地域和禁止从业的领
域外，德国裁判机关还会结合劳动者年龄、劳动者原工作岗位及
某一岗位的流动性来综合衡量障碍程度。[3] 然而，障碍"是否合
理"还取决于经济补偿的数额。若竞业限制协议中含有一笔丰厚
的经济补偿，即便竞业限制的期限较长、地域和禁止从业的领域较
广，其对劳动者职业发展造成的"障碍"仍然可能"合理"。[4] 换
言之，障碍"是否合理"的判断过程，也是保护商业秘密与职业发
展及收入保障的权衡过程。与此相比，我国裁判机关多注重劳动
者接触的信息是否构成商业秘密，一旦劳动者接触的信息被认

---

[1] 参见秦国荣："约定竞业限制的性质判定与效力分析"，载《法商研究》2015
年第 6 期。

[2] Bauer/Diller：Wettbewerbsverbote，C. H. Beck，München 2019，S. 152 ff.

[3] Tomas Lakies，Inhaltskontrolle von Arbeitsverträgen，Bund-Verlag，Frankfurt am
Main 2014，S. 493.

[4] BAG 21. 4. 2010，10 AZR 288/09，NZA 2010，1175.

定为商业秘密，竞业限制协议自动生效。[1] 至于竞业限制协议给劳动者的职业发展造成的障碍是否合理，则在所不问。这等于说只要用人单位追求的利益值得保护，即可获得绝对优势地位，无需与劳动者的职业发展利益相平衡。这种裁判思路不符合《民法典》第 496 条中公平原则的要求，不应在之后的裁判中继续使用。

　　笔者认为，我国裁判机关可借鉴德国司法判例采用的标准，判断竞业限制协议是否给劳动者的职业发展和收入保障造成"不合理的障碍"。若障碍在合理范围内，则用人单位保护商业秘密的利益大于劳动者的职业发展和收入保障利益，竞业限制协议内容合法。反之则证明，劳动者的职业发展和收入保障利益应优先保护，竞业限制协议内容不合法。如在黄毛毛、广州市荔湾区学而思培训中心竞业限制纠纷案[2]中，广州市荔湾区学而思培训中心与黄毛毛签订的竞业限制合同规定，黄毛毛离职后 12 个月内不得从事与该培训中心相同、类似或有竞争的业务。学而思培训中心属于教育培训类行业，黄毛毛的岗位是全职教师。从黄毛毛的教育背景和工作经历可推知，公立学校教师和教育培训机构教师是唯一的对口岗位。依据竞业限制合同的规定，黄毛毛的禁业领域为全国范围内的教育培训领域，即便其可选择考取公立学校教师岗，但由于考试次数和编制名额等因素，黄毛毛遵守竞业限制的代价便是长达几个月的失业。就此而言，竞业限制合同给黄毛毛的职业发展和收入保障造成的障碍不可谓之轻。若竞业限制合同约定了数额较高的经济补偿（如原工资的 1/2），上述竞业限制内容尚可合理。但该合同仅约定了不低于最低工资的经济补偿，对劳动者的不公平显而易见。因此，竞业限制合同违反《劳动合同

---

〔1〕　参见广东省广州市中级人民法院（2018）粤 01 民终 4955 号民事判决书。
〔2〕　参见广东省广州市中级人民法院（2018）粤 01 民终 4955 号民事判决书。

法》第 3 条的公平原则，应属无效。

除此之外，裁判机关也可采用重力公式[1]进行价值权衡，进而判定个案中更值得保护的价值和利益。在竞业限制规定中，需权衡的价值和利益分别为劳动自由价值（劳动者职业发展利益和收入）和效益价值（用人单位保守商业秘密的经济利益）。在李成刚与百度在线网络技术（北京）有限公司劳动争议案[2]中，原告与被告签订的竞业限制协议约定，在竞业限制期间，被告每月向原告支付原工资一半（每月 26 000 元）的经济补偿。首先，本案竞业限制的业务范围极其广泛，原告在竞业限制期间可能无法找到合适工作。但基于竞业限制期限（1 年）和高额经济补偿，劳动自由的受损程度可定为中等，赋值 2^1；若无竞业限制，则被告可能会受到经济损失，效益价值的受损程度也可定义为中等，赋值 2^1。其次，应确定劳动自由和效益价值的抽象重力。《劳动合同法》第 23 条表明，在涉及用人单位商业秘密的情形中，用人单位保守商业秘密的经济利益高于劳动自由。因此 Gi 赋值 2^2，Gj 赋值 2^1。再其次，劳动自由和经济效益受到侵害的确定程度均较高，可视为相等，均赋值 2^0。最后，将以上赋值代入重力公式，得到 Gij = 2。据此，此案中经济效益价值优于劳动自由价值，竞业限制符合公平原则。

三、竞业限制协议内容无效的法律后果

竞业限制协议内容被判定无效后，应根据不同的情形规定不同的法律后果。其一，竞业限制协议所欲保护的"信息"不属于商业秘密（即用人单位不存在值得保护的利益）时，竞业限制协

[1] 具体适用参见本书第一章。
[2] 参见北京市第一中级人民法院（2019）京 01 民终 4177 号民事判决书。

议应全部无效。其二，用人单位通过竞业限制协议追求的利益值得保护，但竞业限制给劳动者的职业发展带来"不合理的障碍"时，协议原则亦应全部无效。但存在以下情形时，协议可通过变更的方式继续有效：①劳动者希望缩短期限、缩小地域范围和禁业领域范围的；②劳动者希望提高经济补偿的；③竞业限制协议全部无效会给用人单位带来巨大经济损失。

第四节　股权激励权益作为经济补偿的效力

一、功能主义视角下的生效条件

股权激励，也称期权激励，是企业激励高级管理人员和优秀员工的一种机制，具体方式为企业授予员工部分股权，并约定员工行使股权的前提条件，通过前提条件的满足达到企业与员工的双赢结果。近年来，企业在设计针对高级管理人员和高级技术人员的竞业限制协议时，将其与股权激励结合在一起，以达到保护商业秘密和激励员工的双重目的。如在徐振华与腾讯科技（上海）有限公司（以下简称"腾讯公司"）竞业限制纠纷案[1]中，腾讯公司与其高级技术人员徐振华签订的保密与不竞争承诺协议书约定腾讯公司授予员工限制性股票，作为竞业限制义务的对价。若徐振华违反竞业限制协议，对已授予未行使的限制性股票无权再行使；对已行使的限制性股票，腾讯公司有权追索收益。由此可知，在"股权激励+竞业限制"协议中，遵守竞业限制通常是行使股权的前提条件，而行使股权后的收益成为竞业限制的对价。

依据《劳动合同法》第23条的文字表述，用人单位"可以"

---

[1]　参见上海市第一中级人民法院（2018）沪01民终1422号民事判决书。

约定在竞业限制期限内按月支付经济补偿。依文义解释，在竞业限制期限内按月支付是可以选择的支付方式，并非经济补偿的必备特征。判断股权激励是否属于经济补偿，应先判断股权激励是否具有竞业限制经济补偿的功能。

如前所述，经济补偿作为劳动者履行竞业限制义务的对价，主要功能为弥补劳动者未能在其擅长领域从业的经济损失和机会损失。与此相对，股权激励的目的在于实现劳动者与公司的利益捆绑，激励劳动者为用人单位的长远发展有所为和有所不为。就此而言，股权激励对价的外延非常宽泛，既可包括劳动者（包括高级管理人员）连续给付劳动的时间（如一定的工作年限）和给付劳动的成果（如《上市公司股权激励管理办法》第 10 条中的"绩效"），也可包括其他有利于公司利益的行为。因劳动者离职后的竞业限制有利于公司的长远发展，其自然可成为股权激励的对价，而劳动者行权后的利益所得，亦可补偿其减少的经济收入和损失的机会成本。有学者认为，股权激励与竞业限制在性质和功能上存在根本差别，股权激励不可解释为《劳动合同法》第 23 条中的"经济补偿"。[1] 这一观点是偏颇的。即便二者制度目的存在本质差异，只要股权激励得以完成竞业限制经济补偿的目的，法律原则上应遵循私法自治原则予以认可。换言之，法律否认"以股权激励替代经济补偿"协议效力的正当性理由，应在于股权激励权益无法承担经济补偿的功能。

二、"功能替代承担"的具体标准

如前所述，股权激励权益能够完全承担经济补偿的功能时，

---

[1] 参见张甜甜："股权激励作为竞业限制经济补偿之辩驳"，载《武汉交通职业学院学报》2022 年第 3 期。

其相关约定应被认定为有效。对这一问题的判定，则需把握经济补偿的核心功能。《劳动合同法》第 23 条中经济补偿的功能一方面在于为劳动者提供生活保障，另一方面则在于保护劳动者对上述保障的稳定预期。因为在竞业限制期间按月支付的经济补偿金可使劳动者准确预期：只要其遵守竞业限制协议，即可获得经济补偿（"获得"预期）。即便合同订立时无法确定经济补偿的具体数额，劳动者在职期间仍可根据自己的劳动报酬估算经济补偿金数额，以便在此基础上清晰权衡利弊（"数额"预期）。从这两种功能出发，结合我国司法实践，笔者总结出判定股权激励权益能否承担经济补偿功能的两个标准。

1. 股权激励权益能否兑换为货币

发放的股票期权在竞业限制协议开始时仍不能确定交易价格时，其在市场上难以自由流通。这种情形下的股票期权既无法保障劳动者的生活，又无法为劳动者提供收益的稳定预期。由此，应认定其无法实现经济补偿的功能。例如在高某诉作业帮公司竞业限制纠纷案中，原、被告双方约定，原告离职时被告向原告发放股票期权若干作为原告履行保密和不竞争义务的对价。[1] 事后原告要求被告支付经济补偿，获得了法院的支持。对于经济补偿而言，即便发放时间可以提前至劳动合同履行期间，其数额也必须满足法定标准（即《劳动争议解释（一）》第 36 条规定的离职前 12 个月平均月工资的 30%）。因此，只有行权后劳动者的盈利超过法定经济补偿的最低数额，股票期权方能实现经济补偿的功能。而劳动者能否盈利，取决于用人单位上市后，劳动者交付的期权费和到期日之后卖出股票价格的差价。本案中被告的母公司并未公开上市，"其股权并不存在一个公允的交易价格，高某能否

---

〔1〕　北京市第一中级人民法院（2021）京 01 民终 1751 号民事判决书。

因行权而盈利、盈利能否达到法定的竞业限制补偿最低标准都是难以确定的，并且该股票期权欠缺流动性"，[1]因此该案中的股权不可解释为《劳动合同法》第 23 条中的经济补偿，相应的保密协议应视为未约定经济补偿的竞业限制协议。

2. 股权激励权益的对价

若依照约定或一般合同解释规则[2]，用人单位授予的股权收益既作为劳动给付的对价，又承担竞业限制经济补偿的功能，股权收益通常不被认可为《劳动合同法》第 23 条中的经济补偿。裁判机关通常不认可该给付属于竞业限制的经济补偿。例如在广州博冠信息科技有限公司与徐某等劳动争议二审案（以下简称"博冠公司劳动争议案"）[3]中，劳动合同约定限制性股票既是徐某遵守竞业限制的对价，又是遵守规章制度和劳动纪律的对价。广东省广州市中级人民法院认为："竞业限制补偿金是对劳动者在竞业限制期内因择业权利受到影响而造成的一定利益损失的补偿，它不属于劳动者的工资或者其他福利，也与劳动者在职期间有无违纪行为等无关，具有排他性"。[4]由此，公司关于限制性股票是员工履行竞业限制义务的对价的主张未获法院支持。基于同样的理由，北京市第一中级人民法院在作业帮教育科技（北京）有限公司（以下简称"作业帮公司"）等劳动争议案中认为，"作业帮公司不得以高峰通过之前的履行行为已经获得的给付对价作为与其新约定竞业限制义务的对价，否则作业帮公司仅付出一次对

---

〔1〕 北京市第一中级人民法院（2021）京 01 民终 1751 号民事判决书。

〔2〕 在我国现行法中，除重大误解外，合同解释一般应遵循"表示主义"原则，即一般理性人处于意思受领人地位时，对意思表意人之意思表示的理解。详细内容参见杨代雄："意思表示解释的原则"，载《法学》2020 年第 7 期。

〔3〕 广东省广州市中级人民法院（2018）粤 01 民终 619 号民事判决书。

〔4〕 广东省广州市中级人民法院（2018）粤 01 民终 619 号民事判决书。

待给付却获得高峰的两次对待给付，这显失公平。"〔1〕

当然，这一裁判思路并非股权激励案件独创。早在张立新与北京建研机械科技有限公司（以下简称"建研公司"）劳动争议案〔2〕中，法院即以相同理由认定该案保密协议中的保密费为劳动报酬。在该案中，张立新与建研公司签订的保密协议约定了张立新的离职竞业限制义务和保密费。建研公司认为，保密费即为离职竞业限制的经济补偿；而张立新则主张保密费是其劳动报酬的一部分，不应被解释为《劳动合同法》第23条中的经济补偿。张立新的主张之所以能够得到一审和二审法院的支持，主要是因为根据员工手册，如张立新缺勤、旷工，建研公司将依照考勤与休假制度扣发保密费。故以上情形不符合竞业限制经济补偿的基本特征。换言之，缺勤、旷工涉及的是劳动给付义务的履行，而与劳动者劳动给付义务相对应的是用人单位的劳动报酬给付义务。既然保密合同将保密费列为劳动者给付义务的对价，一般理性人自然会将保密费理解为劳动报酬，而非经济补偿。即便保密费不因劳动者的劳务给付情况而变化，亦可证明其属于劳动报酬，因为保密费的对待给付义务为劳动者在职期间的保密义务，而在职期间的保密义务与离职后的竞业限制义务并非同一义务。因此，保密费亦不可解释为离职竞业限制义务的对待给付义务（支付经济补偿）。〔3〕

笔者基本赞同这一裁判思路。当股权激励收益的对价既包含竞业限制，又包含其他义务，且对价规则不明晰时，首先会导致劳动者无法对履行竞业限制义务期间的收入形成预期，从而影响劳动者的其他判断，增加劳动者的维权负担。若限制性股票的收

---

〔1〕　北京市第一中级人民法院（2021）京01民终1751号民事判决书。

〔2〕　参见北京市第三中级人民法院（2015）三中民终字第06630号民事判决书。

〔3〕　参见上海市金山区人民法院（2022）沪0116民初5962号民事判决书。

益对价包含遵守劳动规章制度，用人单位安排劳动者加班时，劳动者又该如何确定加班费的计算基数？加班费计算基数中是否应包含股票收益？若劳动者因违反劳动规章导致其行使权失效，但失效之前用人单位安排劳动者加班的，又该如何确定加班费计算基数？根据诚实信用原则中的"透明性要求"，当模糊规则使劳动者不能"毫不费力"地把握和预期自身权益状况时，该规则即为无效规则。其次，当因违反规章制度而丧失股票收益时，还可能导致劳动者履行竞业限制义务期间所获的对价低于在职期间劳动报酬的30%，使得给付与对待给付严重失衡。由此可知，博冠公司劳动争议案中的股权激励既不能承担《劳动合同法》第23条中经济补偿的经济保障功能，亦不具有稳定预期功能，应被判定无效。当然，若股权激励权益中的某一部分的单独对价为竞业限制义务，且其预期收益不低于劳动者在职期间劳动报酬的30%，则该部分股票期权应被认可为竞业限制的经济补偿。

第五节 "低劳动报酬+高经济补偿"协议之效力

在实务中，为加深高级管理人员和优秀员工与企业的绑定关系，一些企业会采用"低劳动报酬+股权激励"的组合来激励员工为公司利益为或不为特定行为。在徐振华与腾讯公司竞业限制纠纷案[1]中，徐振华主张，自己作为经验丰富的软件研发人才，为腾讯公司的软件研发工作作出了卓著的贡献，其基本劳动报酬与其工作能力及贡献并不匹配。尽管该主张未获法院支持，但提出的问题值得我们进一步探讨：当劳动者的总收益（工资与经济补

---

〔1〕 参见上海市第一中级人民法院（2018）沪01民终1422号民事判决书。

偿）与其所作贡献相匹配，但约定的基本工资明显低于市场平均
劳动报酬时，能否把随工资发放的高额经济补偿作为竞业限制的
对价？

一、劳动力市场平均工资不宜作为否定标准

若劳动者按约定履行竞业限制义务，则与该劳动合同相关的
所有义务与对待给付义务大致均衡。问题在于：若劳动者因违反
竞业限制协议而无权行使股票期权（或已行使的股票期权收益被
收回），即劳动者无法获得高额经济补偿金时，劳动合同履行期间
的劳动报酬则会远低于市场相同岗位平均工资，此时是否需要法
律干预呢？从私法基石——意思自治的角度而言，在有明确约定，
且不存在胁迫、重大误解等影响意思自治的情形时，裁判机关不
得以劳动报酬低于市场平均数额为由判定关于劳动报酬的条款无
效。这既是对市场和意思自治的尊重，也是合同法"程序公平"
的体现。因为现代市场经济以肯定当事人的理性为前提，假定当
事人自己是自身利益的最佳裁判者，双务合同中的给付与对待给
付是否相当以当事人的主观意愿为准，裁判机关不能以其他因素
变更合同内容。[1] 此时，劳动者可能的救济路径则为：若约定
"提前发放"经济补偿的条款因违反《劳动合同法》第 23 条中的
在竞业限制期限内按月支付的规定而无效，则可通过合同解释将
经济补偿认定为劳动者的劳动报酬。在现行法中，该路径又可细
分为两种可能：其一，《劳动合同法》第 23 条中在竞业限制期限
内按月支付的规定为强制性规定；其二，《劳动合同法》第 23 条
虽为任意法，但"低劳动报酬+高经济补偿"的协议为格式条款，
且因偏离了上述条款的基本思想而无效。

---

〔1〕　韩世远：《合同法总论》（第四版），法律出版社 2018 年版，第 52 页。

《劳动合同法》第 23 条之所以规定经济补偿的支付期限和支付方式，主要是基于以下考虑：如果法律允许经济补偿随同工资发放，那么用人单位可能就会在招聘时将包括经济补偿的所有收入均列为劳动者的工资收入，劳动者与用人单位协商之时误认为是其提供劳务的对价（劳动报酬）。鉴于我国实践中签订劳动合同的时间点通常在劳动者入职之后（用工关系开始后），劳动者与用人单位再度协商或退出劳动关系会面临较高的机会成本。故劳动者有较大概率接受包含经济补偿的"工资收入"约定。换言之，用人单位利用自己在经济和信息上的优势地位，通过"低劳动报酬+股权激励"方式，将本应属于劳动者劳动给付的对价"挪用"为竞业限制的对价，从而逃避法定责任。[1]但值得注意的是，《劳动合同法》第 23 条中的相关内容的正当性在于劳动者的弱势地位及其意思自治受限的事实。由此可知，若随工资支付的经济补偿协议由力量对等的双方当事人达成，应允许偏离在竞业限制期限内按月支付的规定。对于高级管理人员和高级技术人员而言，在劳动力市场上的稀缺性使其获得了与用人单位对等的谈判力量和协商空间。基于此，"低劳动报酬+高经济补偿"的协议是意思自治的体现，并未违反《劳动合同法》第 23 条，其效力应得到法律认可。这正是徐振华与腾讯公司竞业限制纠纷案中"低劳动报酬+股权激励"协议有效的根本原因。[2]而一般劳动者因缺乏与用人单位真正协商保密协议内容的实力，"低劳动报酬+高经济补偿"协

---

〔1〕 信春鹰、阚珂主编：《中华人民共和国劳动合同法释义》（第 2 版），法律出版社 2013 年版，第 83 页。

〔2〕 上海市第一中级人民法院认为，虽然《劳动合同法》规定在解除或者终止劳动合同后，在竞业限制期限内按月给予劳动者经济补偿，但并未排除劳动者和用人单位通过合意自主决定发放方式的权利。从法理上说该条系指导性规范，行为主体有一定自行选择的余地。详细内容参见上海市第一中级人民法院（2018）沪 01 民终 1422 号民事判决书。

议的本质为格式条款，其效力则取决于其是否偏离在竞业限制期限内按月支付的基本思想。

二、劳动报酬占比最低要求：对真实预期的保护

探究《劳动合同法》第 23 条的立法目的，可以发现："在竞业限制期限内"的基本思想并非保障劳动者获得市场中相同岗位的"平均工资"，而是保证劳动者订立劳动合同时的合同目的（即对"劳动报酬"的真实预期）不因合同其他条款而落空。当然，再专业的法官也无法准确读取劳动者订立合同时的真实心理状态，一般会通过对方的行为（如面试时许诺的报酬），结合交易习惯来推断劳动者的合理预期。但由于面试时的报酬许诺多为口头交流，双方当事人举证均有较大难度。因此，为了保证劳动者的真实预期和信赖利益，需另外设计制度。在比较法上，尽管问题的具体体现各有不同，但如何保证劳动者对劳动报酬的真实预期和信赖利益亦是法学界长期关注和讨论的问题。在下文中，笔者以德国为例，介绍德国法对这一问题的处理方法，以此思索中国法应对这一问题的方案。

在德国司法实践中，呈现这一问题的典型纠纷为"撤回保留纠纷"。所谓"撤回保留（Freiwilligkeitsvorbehalte）"，是指雇主为实现灵活调整薪酬体系的目的，在合同中约定雇主对雇员所得报酬中的部分项目（如年终奖、过节费和交通补贴等）享有自由撤回的权利。换言之，某些特定项目报酬支付与否，完全由雇主自由决定，雇主一经行使撤回权，雇员对此不享有请求权，不可通过诉讼请求雇主支付。[1]该条款一方面可作为激励雇员忠诚勤

---

[1]　Thomas Lakies, Inhaltskontrolle von Arbeitsverträgen, Frankfurt am Main 2014, S. 372.

勉或奖励雇员贡献的机制，另一方面可缓解雇主在经营效益欠佳时的经济压力，可谓一举多得。与此同时，这一条款的存在也会损害雇员对其劳动报酬的真实预期：其一，在劳动合同订立前或订立时，劳动者可能误认为撤回保留项目包含在其劳动给付的对价中；其二，在劳动合同履行过程中，劳动者会忽略劳动合同中的"劳动给付对价"，而下意识地将其所有收入均视为"劳动给付对价"，从而误判劳动力市场中的真实情况。[1] 有鉴于此，在司法案例中，雇员通常主张"撤回保留"中的某些项目是自己劳动给付义务的对价，属于劳动报酬的一部分，雇主有义务支付；而雇主则主张系争项目不属于劳动报酬，雇员对此无请求权。[2] 为解决这一问题，德国联邦劳动法院借用了劳动合同变更规则：可变更的劳动收入部分不得超出一定周期内劳动者所有收入的25%至30%[3]。也即，劳动合同中约定的可撤回收入项目，其数额不得超过劳动者总收入的25%；[4] 可撤回的项目中包含补贴时（如对本应由劳动者承担的交通费的补贴），其数额不得超过劳动者总收入的30%[5]。

依笔者之见，德国联邦劳动法院发展出的25%至30%的占比规则的实质，是通过保护劳动者的合理预期来提高对劳动者真实预期的保护程度，以此实现意思自治与内容公平的权衡。我国司

〔1〕 Vgl. Preis, Der langsame Tod der Freiwilligkeitsvorbehalte und die Grenzen betrieblicher Übung, NZA 2009, 281, 282.

〔2〕 Vgl. BAG 12. 1. 2005, 5 AZR 364/04, NZA 2005, 465; BAG 11. 10. 2006, 5 AZR 721/05, NZA 2007, 87.

〔3〕 AGE 40, 199＝AP Nr. 5 zu I 620 BGB Teilkündigung; BAGE 47, 314＝AP Nr. 6 zu § 2 KSchG, 1969.

〔4〕 BAG 13. 05, 1987, 5 AZR 125/86; BAG 12. 1. 2005, 5 AZR 364/04, NZA 2005, 465.

〔5〕 BAG 11. 10. 2006, 5 AZR 721/05, NZA 2007, 87.

法实践可借鉴德国司法实践的做法，规定经济补偿和劳动报酬的占比规则。若劳动合同约定经济补偿随工资发放，则经济补偿占劳动者全部收入的比例应为 1/4 至 1/3。这一规则的法律机理在于，根据《劳动争议解释（一）》的规定，经济补偿的数额至少应达到劳动者离职前 12 个月平均工资的 30%。同时在用工实践中，用人单位发放的经济补偿一般不超过劳动者原工资的 50%。基于此，劳动者对经济补偿的合理预期即为原工资的 30% 至 50%。与原工资数额相等，甚至超过原工资数额的经济补偿金，通常不在劳动者的合理预期之内。有鉴于此，当"低劳动报酬+高经济补偿"协议为格式条款，且经济补偿随工资发放时，经济补偿数额应为原劳动报酬数额的 1/4 至 1/3 之间。经济补偿数额与劳动报酬数额相等甚至远超于劳动报酬时，应被认定为无效，并根据一般合同解释规则重新认定劳动报酬的数额。

小　结

综上所述，针对约定竞业限制内容的效力，我国司法实践倾向于"底线审查"：只要其不违背强制性规定，一切以当事人的约定为准。个案劳动者能否被设置竞业限制协议，则取决于劳动者接触的信息是否属于法律强制规定的"商业秘密"。竞业限制的核心内容（期限、地域和禁业领域）的效力，以不违反《劳动合同法》设置的两年最长期限为限。股权激励能否取代经济补偿，则取决于其能否承担《劳动合同法》第 23 条中经济补偿的功能，也即股票权益能否兑换为货币，可兑换的具体数额是否满足经济补偿的最低标准。此种审查模式默认合同自由等同于合同正义，忽略了劳动者作为弱势群体的事实。除"底线审查"外，裁判机关还应对竞业限制协议核心内容进行均衡审查，借鉴德国司法判例发展出的判断标准，综合衡量用人单位保护商业秘密的利益与劳动者职业发展和收入保障的利益。

针对"约定竞业限制协议无效后的法律后果"这一问题，我国司法解释和判例则体现出"后果主义"的特点。未约定经济补偿的竞业限制协议之所以有效，一是源于对无效后商业秘密泄露的担忧，二是出于通过保护商业秘密而促进创新的考虑。"后果主义"虽然不违背法秩序的整体目的，但其运用有赖于对于"后果"的充分考量。目前司法实践恰恰忽视了劳动者的维权成本以及用人单位的违法成本，从而进一步加重了劳动者的经济负担。为平衡用人单位和劳动者利益，包括"未约定经济补偿"在内的所有竞业限制协议内容无效后，原则上应全部无效，劳动者无继续遵守竞业限制协议的义务，但劳动者要求遵守或竞业限制协议全部无效后确实给用人单位造成巨大经济损失的除外。

第六章

智能化劳动管理与劳动者权益保护

劳动管理是以提高企业劳动力利用率和企业生产率为根本目标，在保证劳动者身心健康的前提下，为维护良好的生产秩序和调动劳动者的积极性而采取的一系列措施。本书第三章谈及的劳动规章制度，正是企业劳动管理的重要工具。从法教义学的视角而言，劳动规章可分用人单位的单方指示和格式条款。前者主要涉及对劳动过程的管理，如对某项工作任务的具体指示、对待客户和顾客的行为准则等。后者则多涉及对工作环境和企业利益的管理，如维持企业秩序、保护企业名誉和服从兼职规定等。随着智能时代的到来，企业在生产经营过程中普遍实行电子化、信息化的管理手段，利用人脸识别、电子监控和电子定位系统，了解和把握劳动者在工作岗位中的具体表现，并对劳动者进行智能化的识别和监管。劳动管理的智能化，是科技发展和大数据时代的产物，有助于提高管理效率，但也由此容易侵犯劳动者的个人信息和隐私权。因此，需要正确认识和平衡处理二者的关系。

第一节　职场智能化劳动管理中的权益之争

职场管理中的主要矛盾是用人单位的管理需要和劳动者个体权益的冲突，这一点在管理智能化的背景下体现得淋漓尽致。一方面，中央监控、智能手环和坐垫等设备似乎更能全面反映劳动者的工作状态，为用人单位之后的绩效考核、监督检查和纠纷处理提供更为便利和确切的凭据。另一方面，对劳动者身体和精神状态的全面监控触发了人们对"赛博时代"圆形监狱[1]的担忧。若要平衡用人单位和劳动者的利益，则需全面梳理智能管理涉及的具体权益。

一、用人单位权益

用人单位之所以热衷于智能化管理，是因为其确实可以更好地满足用人单位的需要。

1. 管理效率和财产保护

管理的智能化有利于提升管理的效率，这一点毋庸置疑。例如，滴滴出行借助定位系统、车内录音、网约车大数据等，不仅能满足更多的出行需要，还能提高处理司乘纠纷的效率。除此之外，滴滴出行还可通过智能红绿灯、动态道路分配和更科学的路网设计，降低交通拥堵率，提高道路使用效率。正因如此，《中华

---

〔1〕　参见朱全龙："论人工智能背景下隐私权保护的困境与纾解路径——以'圆形监狱'理论为视角"，载《〈上海法学研究〉集刊》（2019 年第 9 卷，总第 9 卷）。

人民共和国个人信息保护法》（以下简称《个人信息保护法》）第 13 条第 1 款第 2 项将"实施人力资源管理所必需"列为个人信息处理的合理情形之一。用人单位实施智能监控，也可能是为了维护本单位有形财产（如生产资料和产品）和无形财产（如商业秘密）等。

2. 履行法定义务

根据我国《劳动法》《职业病防治法》《民法典》等法律规定，用人单位负有保护劳动者身心健康的义务，具体包括按法定要求提供相应的劳动保护措施、防治职场性骚扰等。一方面，智能化管理可针对人的有限理性和注意力等问题，进一步避免安全疏漏。例如，用人单位可以利用与面部识别软件、音频系统相连接的智能网络摄像头，避免员工误入危险区域。如果有人在特定时间误入危险区域，与控制中心相连的摄像头可以发出警报。又如，音频系统可以设置为自动通知爆破即将发生，并建议每个人离开该区域。[1] 另一方面，智能化管理可以在一定程度上克服防治职场性骚扰过程中"取证难、各说各话"的痛点，从源头上减少性骚扰的发生。

二、"赛博时代"被压缩的劳动者权益

智能化劳动管理对劳动者的影响大体包括三个方面：

1. 劳动者的个人信息

《个人信息保护法》第 4 条第 1 款规定："个人信息是以电子或者其他方式记录的与已识别或者可识别的自然人有关的各种信息，不包括匿名化处理后的信息。"个人信息包括敏感信息和非敏

---

〔1〕　参见"人脸识别技术在安防领域能起什么作用？"，载 https://www.sohu.com/a/472700699_408296，最后访问日期：2023 年 5 月 2 日。

感信息（如生物识别、特定身份、医疗健康、金融账户、行踪轨迹等）。劳动关系具有高度人身性，自招聘环节起，用人单位即可能掌握部分劳动者的个人信息。如某些企业在招聘网站中要求劳动者填写学历、籍贯、身高、体重甚至家庭成员信息，劳动者入职后要提交体检报告和银行账户。智能化劳动管理则将触角延伸至劳动者的日常健康状态和日常行踪轨迹，例如某市部分环卫工人被要求佩戴具备实时定位、监控心率、一键呼叫等功能的智能手环。[1]用人单位通过企业打车软件的全程订单可以查看劳动者的行踪轨迹。高分辨率的监控器甚至可以清晰展现劳动者的手机界面，从而进一步增加了劳动者个人信息的泄露风险。

2. 劳动者隐私

隐私权是人格权的一种，"是自然人享有的对其个人的、与公共利益无关的个人信息、私人活动和私有领域进行支配的一种人格权"。[2]工作场所虽然不属于劳动者的私有领域，但劳动者仍会在工作场所进行私人活动，如偶尔接听私人电话或和同事偶尔进行私密交谈。由于劳动关系本身即具有地点从属性，劳动者在工作场所偶然进行的私人活动为正常生活的合理需要，理应属于隐私权的保护范围。智能化监控无疑会使劳动者不愿公开的内容"暴露"于众。那么，"被迫公开"的内容是否属于个人信息？根据我国学界主流观点，隐私权和个人信息权的权利范围"重叠但不重合"：若是私人领域的活动和空间能够形成可被记载的信息（如被录制的画面），则该活动既属于隐私权又属于个人信息权的

---

〔1〕 熊颖琪："环卫工佩智能手环停留 20 分钟会报警 因有'监工'功能引发争议 昨日环卫公司已取消提醒程序"，载 http://news. cctv. com/2019/04/05/ARTI8lH6Tdmjjz Tora6UgDUo190405. shtml？ spm＝C94212. PV1fmvPpJkJY. S20313. 3，最后访问日期：2023 年 5 月 20 日。

〔2〕 佟柔主编：《中国民法》，法律出版社 1990 年版，第 487 页。

权利范围。反之，则仅是隐私权的保护范围。[1] 但笔者认为，隐私权和个人信息权的保护对象的界分并不在于能否形成"信息"，而在于其承载的内容是否能够称为"识别"特定人的工具。即便私人活动和私人空间能够形成可被记载的"信息"，也未必具备"识别"功能。假如某一信息表明甲和乙在社交软件上联系频繁，这一信息能否成为识别甲和乙身份特征或其他重要特征的工具？当这一信息不具备"识别"功能时，就无法构成《个人信息保护法》意义中的"信息"，但构成隐私。由此可知，智能化劳动管理既会影响劳动者的个人信息，也会涉及劳动者的隐私。

3. 劳动者的人格尊严

我国《宪法》第 38 条中的人格尊严，是民事立法对人格权保障的开端和基础。如何界定人格尊严的内涵和保护范围，是宪法教义学的难题。[2] 然而，与人主体性地位密切相关的自主决定，确是人格尊严的重要内容。[3] 自主决定主要指向自由意志，强调人的行为是经过自己选择的结果，而非事先被决定的结果。[4] 在智能化管理的场景中，尽管智能监控和其他智能系统未对劳动者

---

〔1〕　参见王利明："论个人信息权在人格权法中的地位"，载《苏州大学学报（哲学社会科学版）》2012 年第 6 期；李永军："论《民法总则》中个人隐私与信息的'二元制'保护及请求权基础"，载《浙江工商大学学报》2017 年第 3 期；张新宝："从隐私到个人信息：利益再衡量的理论与制度安排"，载《中国法学》2015 年第 3 期；周汉华："平行还是交叉 个人信息保护与隐私权的关系"，载《中外法学》2021 年第 5 期。不同意见参见程啸："论个人信息权益与隐私权的关系"，载《当代法学》2022 年第 4 期；彭錞："再论中国法上的隐私权及其与个人信息权益之关系"，载《中国法律评论》2023 年第 1 期。

〔2〕　张翔："宪法人格尊严的类型化——以民法人格权、个人信息保护为素材"，载《中国法律评论》2023 年第 1 期。

〔3〕　参见陆幸福："人工智能时代的主体性之忧：法理学如何回应"，载《比较法研究》2022 年第 1 期。

〔4〕　参见黄素珍："康德对自由意志的证成及其实践意义"，载《云南社会科学》2023 年第 2 期。

的行为设定外在的物理性障碍，但智能系统的提醒功能使得劳动者在劳动过程中丧失了主动空间，变成了完全被动听命于智能系统的"异化工具人"。[1]即便智能系统并不时刻提醒劳动者，由于劳动者无法忽略其存在，也不得不在作出决定之际将其作为考量因素。如此一来，人的行为便不再完全是其自由选择的结果。[2]有鉴于此，智能化管理切实影响了劳动者的自主决定，也就影响了劳动者人格尊严的实现。

第二节 "知情同意"规则的困境与出路

根据《个人信息保护法》第 13 条第 1 款第 1 项和第 2 项的规定，作为信息处理者的用人单位在以下情形中可处理劳动者的个人信息：①取得个人的同意；②为订立、履行个人作为一方当事人的合同所必需，或者按照依法制定的劳动规章制度和依法签订的集体合同实施人力资源管理所必需。依此解释，劳动者同意至少是用人单位处理劳动者个人信息的合法性路径之一。但在智能化管理的场景中，我们仍需解决下列问题：劳动者签字的"知情同意书"是否可被归为该条第 1 款第 1 项中的"同意"？劳动者可否以"不懂得专业技术名词"或"非完全自愿"（如不签署便会失去工作）为由进行抗辩？"同意"在法律上又该如何定性？以上问题皆表达了同一疑问：不平等的从属关系是否会导致"知情同意"规则的失灵？

---

〔1〕 参见陈龙："'数字控制'下的劳动秩序——外卖骑手的劳动控制研究"，载《社会学研究》2020 年第 6 期。

〔2〕 陆幸福："人工智能时代的主体性之忧：法理学如何回应"，载《比较法研究》2022 年第 1 期。

一、"知情同意" 规则失灵了吗？

根据我国学界主流观点，基于劳动关系的从属性，劳动者缺乏真正知情基础上的自主选择，因此劳动者"同意"原则上不能单独作为用人单位运用智能设备收集劳动者个人信息以及侵入劳动者隐私的合法性基础。[1] 上述观点中的"同意"实际为形式上的同意（通常表现为劳动者的签字），而非在理性判断的基础上，反复权衡利弊后的实质同意。这恰好与格式合同中的"形式同意"相吻合。换言之，劳动者签署的"知情同意书"实际上构成了《民法典》中的格式条款[2]，应受《民法典》第 496 条至第 498 条的约束。

智能化劳动管理事关劳动者的个人信息、隐私和人格尊严，属于《民法典》第 496 条中与对方有重大利害关系的内容。用人单位应当采取合理的方式提示对方注意，并按照对方的要求，对此进行解释说明。这一规定旨在纠正信息弱势一方的地位，以便弱势一方能准确权衡利弊，从而达到"知情同意"之目的。当然，根据个人信息保护法一般领域的研究成果，"知情"（"告知规则"）和"同意"规则均存在实施困境，难以取得积极的效果，原因在于：其一，随着社会生活的全面数字化，各类物联网、智能家居收集个人信息的场景无处不在，隐私政策的复杂性、专业性更甚于以往，而阅读冗长、专业、内容枯燥的隐私政策需要大量的时间和专业知识。因此，很少有用户会有耐心仔细阅读大量

---

〔1〕　参见吴文芳："劳动者个人信息处理中同意的适用与限制"，载《中国法学》2022 年第 1 期；王倩："作为劳动基准的个人信息保护"，载《中外法学》2022 年第 1 期。

〔2〕　反对观点参见丁晓东："隐私政策的多维解读：告知同意性质的反思与制度重构"，载《现代法学》2023 年第 1 期。

冗长、专业、内容枯燥的隐私政策，[1] 即便有耐心阅读，也会因缺乏专业知识而难以理解或进入语境。其二，由于市场垄断或企业的某些操作，相比于一般的格式条款，个体同意可能更具有诱导性和胁迫性。[2]

二、"知情同意"中"知情"困境的应对：透明要求

为解决"知情同意"的困境，现行的不少法律法规都进行了针对化改进。例如针对告知，欧盟《通用数据保护条例》规定控制者"应当以一种简洁、透明、易懂和容易获取的形式，以清晰和平白的语言来提供"。这一规定并非《通用数据保护条例》独创，而是"透明要求（Transparenzgebot）"在数据保护中的体现。受此启发，我国《个人信息保护法》第 17 条第 1 款也明确要求，个人信息处理者在处理个人信息前，应当以"显著方式、清晰易懂的语言真实、准确、完整地"向个人告知。对于这些改进规则的实施效果，我国一些学者表示怀疑。依其见解，即便信息处理者采用了清晰易懂的告知方式，仍然无法解决用户无兴趣、无时间、无专业知识、信息过载等难题。因为当法律要求信息处理者采取"警示"的方式进行告知时，一旦"警示"过多，个人就会对此类"警示"疲劳；当法律要求信息处理者采取清晰平白的语言时，隐私政策就会更加冗长；当法律要求隐私政策简洁时，告知就会不全面、不清楚。[3] 除此之外，人们虽然口头上对个人信

---

〔1〕 万方："算法告知义务在知情权体系中的适用"，载《政法论坛》2021 年第 6 期。

〔2〕 冯健鹏："个人信息保护制度中告知同意原则的法理阐释与规范建构"，载《法治研究》2022 年第 3 期。

〔3〕 丁晓东："隐私政策的多维解读：告知同意性质的反思与制度重构"，载《现代法学》2023 年第 1 期。

息保护无比重视，但实际上很容易用"隐私换便利"。[1]

笔者认为，至少在劳动法领域我国可以考虑引入"透明性要求"，从而在一定程度上解决劳动者的"知情"困境。理由如下：其一，"透明性要求"的核心是使处于弱势的一方掌握相关条款对自己权益的影响，以便准备相应的维权策略。[2]因此，相关条款的表述重点不在于用专业用语描述专业现象，而在于以普通理性人的视角描述对合同当事人权益的影响。[3]在智能化管理的场景中，用人单位告知的重点不应是采取的技术手段（如动态 IP 与静态 IP 的区别，或软件开发工具包处理个人数据的原理），而应是劳动者可能被收集的个人信息，劳动者的隐私可能会被侵入到何种程度。[4]其二，日常生活中，人们用"隐私换便利"的原因在于风险与便利和防控成本极度不匹配。[5]一方面，泄露个人信息的危害并不会立即发生，但防控风险需要付出巨大的时间和精力成本（在现代社会，人们一天内会收到很多次关于"个人信息收集"的提示，造成信息过载）。另一方面，便利是即时的（可以立即开始游戏或阅读），且换取便利的成本是极低的（只需点击"同意"）。在这种情形中，个人不太可能有兴趣阅读和了解不确定的

---

〔1〕　丁晓东："隐私政策的多维解读：告知同意性质的反思与制度重构"，载《现代法学》2023 年第 1 期。

〔2〕　BGH, Urteil vom 5. 10. 2005-VIII ZR 382/04（德国联邦普通法院 2005 年 10 月 5 日第 VIII ZR 382/04 号判决书）.

〔3〕　Vgl. Wurmnest, in: Münchener Kommentar zum BGB, C. H. Beck Verlag 2022, § 307, Rn. 267.

〔4〕　美国学者也强调，只有个人知晓了隐私政策带来的确切风险（vivid risk），其作出的同意才是符合法律本意的"同意"。See Neil Richards and Woodrow Hartzog, "The Pathologies of Digital Consent", 96 *Washington University Law Review* 6（2019）, pp. 1461-1502.

〔5〕　See Neil Richards and Woodrow Hartzog, "The Pathologies of Digital Consent", 96 *Washington University Law Review* 6（2019）, pp. 1461-1497.

风险。但这一推论并不适用于劳动关系中的"个人信息让渡"。不同于日常生活中频繁的提示推送，用人单位往往在劳动关系建立之时向劳动者出示一次"知情同意书"，不存在信息过载问题。另外，日常生活中收集隐私的风险之所以不确定，是因为个人不了解信息控制者的下一步行动（推送个性化广告还是将私人信息分享给第三方）。但在劳动关系中，收集个人信息和隐私的风险相对确定。对这种风险，劳动者完全有动机了解。由此可见，透明性要求可在一定程度上解决信息过载和有限理性等问题，保障劳动者对个人信息处理情况的"知情"。

三、"知情同意"中"同意"困境的应对：划定"同意"的适用范围

当然，劳动者即便清晰地知晓了其可能被收集的个人信息和被侵入的隐私范围，也难以提出修改和拒绝，主要原因在于劳动力市场与一般商品不同，劳动力的特点使劳动者处于更为弱势的地位。劳动力无法储存，劳动者的劳动力如果当天不能出售，则意味着经济收入缺少了积累。如果长时间处于待岗状态，则不但经济上不能积累，也会使技术变得不熟练，劳动力品质下降。[1]可想而知，无论是劳动合同签订时还是劳动合同履行后关于劳动者个人信息处理的"知情同意书"，劳动者的"同意"都不是真正自由意志的表现。针对"知情同意"中的"同意"困境，一些国家明文规定了"同意"的适用范围。也即，只有在特定条件下，劳动者的"同意"才可成为处理其个人信息和隐私的合法性基础。而关于"知情同意"规则的适用范围，各国规定又有所不同。在

---

〔1〕 吕惠琴：《劳动法领域权利配置的优化》，中国工人出版社 2020 年版，第 29 页。

下文中，笔者将选取德国和美国的不同立法模式，辅以相关司法案例，分析两国模式的优缺点。

1. 德国模式

在德国法中，雇员同意原则上可单独作为处理雇员个人信息的合法性基础，这一点已在德国联邦劳动法院的判决中得到了认可。[1]为避免"知情同意"的滥用，一方面，德国法院在司法实践中综合劳动者作出同意时的具体情形，进而判断劳动者的"同意"的效力。考虑的情形包括：待处理的具体信息的类型（敏感信息还是非敏感信息）、处理个人信息对个体基本权利的侵害力度以及劳动者必须作出同意的时间。[2]有学者认为，若劳动者在订立合同前必须作出"同意"，则其生效的条件应比订立合同后作出的"同意"更为严苛，因为订立劳动合同前劳动者面临更大的压力，更易屈服于不公平条款。[3]另一方面，即便法院认定劳动者作出的"同意"有效，也会根据上下文中处理信息的目的，严格解释"同意"的范围。如在一起劳动纠纷中，德国巴登符腾堡州劳动法院在判决书中写道："在本案中，（《数据保护声明》中同意的对象是雇员健康信息的'收集'和'使用'，以便参加公司的融合计划项目。但根据该声明第一段，）被告（雇主）的目的不仅在于'收集'和'使用'上述健康信息，还在于将这些数据披露给企业管理层和项目主管。（根据《数据保护声明》中使用健康信息的目的，）把'向管理层披露'解释为向参与'公司融合计划'项目的管理人员披露（尚且符合《数据保护声明》中使用健康信

---

〔1〕　BAG Urteil vom 11.12.2014 – 8 AZR 10/13（德国联邦劳动法院2014年12月11日第8 AZR 10/13号判决书）.

〔2〕　BT-Drs.18/11325, 97（德国联邦议会第18/11325号立法理由书，第97页）.

〔3〕　Martin Franzen, in: Erfurter Kommentar zum Arbeitsrecht, 23. Auflage 2023, BDSG § 26, Rn.41.

息的目的），且在声明中亦含有‘同意披露给管理层’的选项。但是，（从《数据保护声明》中使用健康信息的目的中）不能推出以下结论：雇员自愿将其包括诊断书在内的所有健康数据披露给‘公司融合计划’项目主管。因为对于项目主管而言，他（她）只需了解劳动者在‘公司融合计划’中所面临的健康障碍，而无需了解劳动者的具体健康信息。"[1]

另须注意的是，若雇主处理雇员信息的目的是给雇员带来经济上或法律上的利益，或雇员与雇主追求相同的利益，可不经审查而直接认定雇员的"同意"有效。[2] 例如在为提高雇员健康水平而设立的健康管理项目中收集雇员的健康信息和在公司官网中使用雇员照片等。[3] 但雇主以提高雇员工资为条件"诱使"雇员签署知情同意书的情形除外。[4]

2. 美国模式

在美国法中，中国法意义上的个人信息和隐私被统称为隐私。因此，雇主智能化管理超出合理边界的，构成对雇员隐私权的侵犯（wrongful employer intrusions privacy），应负侵权责任。但与一般侵权责任不同的是，在雇佣领域，雇员"同意"（consent）并不能成为雇主侵犯雇员隐私权的绝对免责事由。[5] 在以下情形中，即便存在雇员同意，雇主对其侵犯雇员隐私权的行为亦应负侵权赔

---

〔1〕 LAG Baden-Württemberg, Urteil vom 28.07.2021-4 Sa 68/20（德国巴登符腾堡州劳动法院 2021 年 7 月 28 日第 4 Sa 68/20 号判决书）.

〔2〕 BT-Drs.18/11325, 97（德国联邦议会第 18/11325 号立法理由书，第 97 页）.

〔3〕 BT-Drs.18/11325, 97（德国联邦议会第 18/11325 号立法理由书，第 97 页）.

〔4〕 Martin Franzen, in: Erfurter Kommentar zum Arbeitsrecht, 23. Auflage 2023, BDSG § 26, Rn. 42.

〔5〕 Steven L. Willborn, "Notice, Consent, and Nonconsent: Employee Privacy in the Restatement Symposium: Assessing the Restatement of Employment Law: Essay", 100 *Cornell Law Review* 6 (2015), pp. 1423-1452.

偿责任：①可能会使雇员遭受就业歧视的信息，如肤色、种族、族裔、宗教和性别等；②雇员同意的动机是获得或保留工作条件[1]；③根据雇主的合法商业利益或公共利益判断，雇主入侵雇员隐私的性质、方式和范围具有高度冒犯性（highly offensive）[2]。一般而言，高度冒犯性的行为是指会导致一般理性人遭受精神损害或羞辱的行为[3]，会被一般理性人强烈反对[4]。可见高度冒犯性的判断并不以雇员个人感受为标准。

3. 评析

就劳动者"同意"的效力而言，德国法设置的有效条件似乎比美国法更为严苛。依德国法规定，除非是对雇员有利或雇员与雇主追求相同利益的特殊情形，否则法院即需审查雇员是否具备作出"实质同意"的条件。而美国法则原则上认可雇员的"同意"，除非存在否定其效力的情形。有学者认为，美国模式对雇主的束缚更少，更有利于信息的利用与开发，有利于用人单位通过收集劳动者信息结合算法创新更高效率的管理模式。[5]但笔者认为，何种方式更有利于数字时代的管理与商业创新，并不完全取决于"同意"的有效条件，原因在于：其一，"履行劳动合同需要"（即我国《个人信息保护法》第13条第1款第2项中的"人力资源管理所必需"）涵盖的情形越多，"知情同意"规则的适用余地越小。其二，两种模式下的"例外情形"均体现了"利益均衡"的思想。"同意"是否有效，更大程度上取决于雇主商业利益与雇员隐私权及公共利益是否平衡。换言之，用人单位处理劳

---

〔1〕　See Steven L. Willborn, *Supra*, Note 63, p. 1423.

〔2〕　Restatement of Employment Law § 7.06（a）（b）（2015）.

〔3〕　See Johnson v. Boeing Airplane Co., 262 P. 2d 808, 812（Kan. 1953）.

〔4〕　Moore v. R. Z. Sims Chevrolet-Subaru, Inc., 738 P. 2d 852, 857（Kan. 1987）.

〔5〕　参见吴文芳："劳动者个人信息处理中同意的适用与限制"，载《中国法学》2022年第1期。

动者个人信息"自由度"的大小，更多是具体场景下利益衡量的结果。[1] 是故，如何平衡利益，才是破解"同意"困境的出路，而这也正是接下来要探讨的内容。

第三节 智能化劳动管理中利益平衡的核心原则

一、比例原则：利益平衡的核心原则

1. 一般原则与核心原则

为调节信息开发利用和个人信息保护的关系，《个人信息保护法》第5条至第9条集中规定了五项基本原则：合法、正当、必要和诚信原则；目的原则；公开、透明原则；质量原则；责任原则。欧盟2016年《通用数据保护条例》确立了个人信息处理的七项原则：①合法、公正和透明原则；②目的限制，即信息收集应具有特定、明确和合法的目的，信息处理方式不得超出目的；③数据最少化，即为特定目的的信息处理应适当、相关并限定于必需的范围；④准确，即信息应当准确，及时更新、更正；⑤存储限制，即信息存储不得超过必要时长；⑥完整和保密，即确保数据安全；⑦负责，即信息控制者负有责任确保遵守上述原则。

这些原则当然适用于劳动关系，但基于劳动关系的特殊性，以及智能化管理中用人单位提升管理效率的需要和劳动者人格权益的平衡，有学者根据比较法上的经验，认为应重点关注"比例

---

[1] See Pamela V. Keller, "Balancing Employer Business Interests and Employee Privacy Interests: A Survey of Kansas Law Intrusion on Seclusion Cases in the Employment Context", 61 *Kansas Law Review* 5 (2013), p. 983.

原则";〔1〕有学者从治理过度监控的问题导向出发，认为目的原则最为合适;〔2〕还有学者提议引入信息信义义务原则和实用主义原则。〔3〕相关文献探讨了选取某一原则的必要性和适当性，并构建了不同场景中平衡劳资利益的具体规则，然而，具体原则如何与我国现行法规范衔接，以及如何细化，却鲜有论及。基于此，笔者将从法教义学和历史比较视角，探讨智能化劳动管理中劳动者信息保护的核心原则。

2. 信义义务原则作为核心原则?

信义义务产生于合同约定的不足。若当事人能够通过合同清晰、详尽无遗地约定双方的权利、义务和责任，信义义务就没有存在的必要。〔4〕但由于当事人的有限理性，"完美合同"少之又少。为保证合同（尤其是商事信托合同）的顺利履行，信义义务应运而生。信义义务最初诞生于英美法系中的信托领域，属于衡平法的重要部分。忠实义务是信义义务的核心，具有很强的道德属性。"忠实"主要包括两个方面：一是受托人必须以受益人的利益为唯一利益（sole interest）或最佳利益（best interest），在此目的下从事一切受托活动；二是受托人不能将自己放在与受益人利益冲突（conflict of interests）的位置。〔5〕随着我国商事法律发展的需要，我国公司法、信托法和证券法等商事领域引入了信义义

〔1〕 谢增毅："劳动者个人信息保护的法律价值、基本原则及立法路径"，载《比较法研究》2021年第3期。

〔2〕 田野："职场智能监控下的劳动者个人信息保护——以目的原则为中心"，载《中国法学》2022年第3期。

〔3〕 丁晓东："劳动者个人信息法律保护面临的挑战及其应对"，载《中国人民大学学报》2022年第3期。

〔4〕 许德风："道德与合同之间的信义义务——基于法教义学与社科法学的观察"，载《中国法律评论》2021年第5期。

〔5〕 关于"信义义务的介绍"可参见徐化耿："信义义务的一般理论及其在中国法上的展开"，载《中外法学》2020年第6期。

务。如 2005 年修订的《公司法》中加入了董事、监事和高级管理人员的勤勉义务，全国人大常委会法制工作委员会编写的法律释义中指出，"董事基于股东的信任取得了法律和公司章程赋予的参与公司经营决策的权力，就应当在遵循法律和公司章程的前提下，为公司的最大利益服务"。[1]

在英美法系，随着信义义务理论上的日渐成熟，其适用领域逐渐突破原有的商事领域，扩张至医疗合同、律师服务合同乃至雇佣合同[2]中。基于此，我国亦有不少学者建议将信义义务扩展到信息领域以及劳动者个人信息保护领域。[3]这种借鉴思路具有一定的启发性，是因为信义关系中的部分特点[4]也体现于劳动关系中：其一，所涉双方信息不对称和能力不对等。如前所述，劳动者和用人单位在知识、信息、技能和权利方面存在不同程度的不对等。其二，一方对另一方产生"信赖"或"依赖"。劳动关系是具有人身属性的继续性关系，信任在合同履行中发挥着重要作用。是故，劳资双方均有对对方在劳动合同书面文字表述之外的合理期待。用人单位不仅可以期待劳动者勤勉履行劳动给付义务，亦可期待劳动者维护其财产安全和遵守管理秩序；劳动者则可以期待用人单位保护其固有的人格权益和财产权益。这种劳动者的合理期待，在德国法上也被称为"照护义务（Fürsorgepflicht）"。既然劳动者的个人信息事关其人格权益，劳动者自然会对用人单位产生

---

〔1〕 安建主编：《中华人民共和国公司法释义》，法律出版社 2005 年版，第 211 页。

〔2〕 Matthew T. Bodie, "Employment as Fiduciary Relationship", 105 *Georgetown Law Journal* 819（2017），pp. 819–870.

〔3〕 丁晓东："劳动者个人信息法律保护面临的挑战及其应对"，载《中国人民大学学报》2022 年第 3 期。

〔4〕 关于"信义关系特点"参见赵廉慧："论信义义务的法律性质"，载《北大法律评论》2020 年第 1 期。

"信息保护"的依赖。

　　然而，这种思路忽略了信义关系和劳动关系的不同点。笔者认为，正是二者的差异使得信义义务无法与劳动者信息保护的要求相兼容。受信赖一方对受托事务管理有不同程度的裁量权和控制权，是信义关系的核心特征，也是信义义务产生的本质原因。[1]受信赖一方之所以拥有裁量权，则是基于以下两个原因：其一，市场无法为其提供的商品和服务划定统一的评价标准。例如，由于受经济周期和其他波动因素的影响，无法以收益等最终结果来评价受托人管理财产的水平；出于医疗条件和病人个体的差异，以治疗的最终结果作为评价医生是否尽责的标准亦不妥当。其二，即便存在相对清晰的评价标准，受托人本身亦难以把握。例如，在教学关系中，由于教师和学生在专业水平上的差异，无论是上课前还是上课后，学生都无法完全掌握从教师的教学活动中切实的收获。因此，受托方既有被授予裁量权的必要，也有实施裁量权的可能。正因如此，信义义务才要求受托人为了委托人的利益行事，才要求受托人不得实施利益冲突的行为。换言之，若在某一法律关系中，一方不拥有决定另一方事务的自由裁量权，或虽事实上拥有自由裁量的可能性，但无必要性，或拥有自由裁量的必要性，但可为了自身利益实施自由裁量权时，便不再适用信义义务。[2]

　　显然，无论是信义关系中的核心内容——自由裁量权，还是信义义务中的核心内容——不允许利益冲突，均无法与劳动关系中的个人信息处理相匹配。首先，在典型信义关系中，受托人裁量权的必要性来源于委托人提供服务（即委托人的主合同义务）的特殊性。但在智能化劳动管理的场景中，用人单位处理劳动者

---

[1]　See George G. Bogert, *Trusts*, 6th ed., West Publishing Co., 1987, p. 2. 转引自赵廉慧："论信义义务的法律性质"，载《北大法律评论》2020年第1期。

[2]　See Steven L. Willborn, *Supra*, Note 33, pp. 342-343.

个人信息并非为了履行对劳动者的主合同义务（如支付劳动报酬和社会保险）。其次，虽然在事实上，用人单位拥有自由裁量的可能性，但此种可能性缘于劳动者和用人单位的信息不对称，并不来源于"所托事务本身特征"。如用人单位依照"透明性要求"充分履行了告知义务，劳动者完全可以把握用人单位处理其信息的手段是否妥当。更重要的是，信义义务中的不允许利益冲突完全不符合法律保护劳动者个人信息的目的和要求。保护劳动者的个人信息和隐私权，并不是法律限制用人单位自由裁量权的唯一目的。相反，平衡用人单位提高管理效率的需要和劳动者的权益，才是法律调整的最终目的。换言之，用人单位处理劳动者个人信息时，本质上仍然是允许利己的，只是要对劳动者的利益给予合理的照顾和关注。

综上所述，我国在劳动者个人信息保护领域，应该细化以平衡双方利益为主旨的公平原则和诚实信用原则，无需引入信义义务。

3. 目的原则和比例原则的关系

《个人信息保护法》第 6 条第 1 款规定："处理个人信息应当具有明确、合理的目的，并应当与处理目的直接相关，采取对个人权益影响最小的方式。"根据这一规定，具有明确、合理的目的，是用人单位对劳动者实行智能监控的首要前提。有学者认为，平衡用人单位管理需要和劳动者个人信息及隐私权利的关键在于防止用人单位的过度监控。在防止过度监控的各项原则中，目的原则处于中心地位，[1] 理由在于：其一，若用人单位实行的监控不符合目的原则，即无审查其是否符合其他原则的必要。其二，目的原则所框定的边界，既是用人单位管理权的边界，也是劳动

---

[1] 田野："职场智能监控下的劳动者个人信息保护——以目的原则为中心"，载《中国法学》2022 年第 3 期。

者个人信息权益的边界。"在合理目的范围内实施监控，用人单位就能够实现其管理需求并（在不违反其他原则的前提下）免于承担法律责任，劳动者的个人信息权益也能得到维护，双方各取所需从而实现利益平衡。"[1]当然，具体场景中用人单位实行的智能监控是否合理，不仅取决于目的本身，也取决于实现目的之手段是否符合"最小化原则"（即比例原则）：只要用人单位的监控目的达到了，就不应再收集更多的个人信息了。[2]一些学者则认为，与目的原则相比，比例原则更值得关注。换言之，只有比例原则才最适宜平衡用人单位正当利益和劳动者隐私权利。这一主张有比较法上的根据。从欧洲理事会的公约，到欧盟独立数据管理机构发布的指南，到欧洲各国的立法，再到英国和日本的立法，均强调数据处理应与追求的合法目的成比例，平衡相关主体的利益与权利。[3]

就重要程度而言，目的原则和比例原则的最终目的均是平衡双方权益，在权衡过程中缺一不可。不同之处在于，比例原则强调权衡的程序，目的原则强调权衡程序中最重要的"角色"。若处理个人信息的目的本身不合理，则无需开启权衡程序。在权衡过程中，劳动者个人信息和隐私权利受到的侵害是否合法，也取决于其与用人单位处理信息的目的是否相当。若二者不符合比例原则的要求，即便用人单位的目的正当合理，其处理行为亦不合法。但值得思考的是，权衡作为一种解决案件的工具，理性是其追求的目标。为了符合理性要求，权衡必须是可检验的，即基于每一

---

〔1〕　田野："职场智能监控下的劳动者个人信息保护——以目的原则为中心"，载《中国法学》2022年第3期。

〔2〕　田野："职场智能监控下的劳动者个人信息保护——以目的原则为中心"，载《中国法学》2022年第3期。

〔3〕　国外相关情况参见谢增毅："劳动者个人信息保护的法律价值、基本原则及立法路径"，载《比较法研究》2021年第3期。

个参与者都必然以理性的方式赞同之标准的可检验性，而可检验性又必须通过理性程序产生之结果来证立。[1]因此，强调程序的比例原则在利益权衡中应处于核心位置。

二、比例原则的适用步骤

在智能化劳动管理场景中，适用比例原则通常应包括三个步骤。

第一步为妥当性（Geeignetheit）审查，即判断雇主基于劳动关系以及具体场景是否具有处理个人信息的正当目的。按我国《个人信息保护法》第13条第1款第1项和第2项规定，正当目的应为履行法定义务、履行劳动合同及实施人力资源管理。当然，在劳动关系中，这三项所涵盖的内容可能相互交叉（其中"实施人力资源管理"并非法律概念），如为劳动者缴纳社会保险既是用人单位的法定义务，又可能是用人单位的劳动合同义务。外卖平台通过定位系统追踪骑手的行程既是履行劳动合同，又是实施人力资源管理。依笔者之见，劳动法框架下用人单位处理个人信息的目的可分三类：第一类为用人单位配合行政机关而履行的公法义务。第二类为履行基于劳动关系而产生的法定义务和约定义务，如为支付工资和缴纳社会保险而收集的身份证号和银行卡号，为防止劳动者受性骚扰而设立的监控。第三类则为行使基于劳动合同而产生的"自主管理权"。如前所述，自主管理权缘于劳动合同的"不完美设计"。由于人的有限理性，劳动合同当事人双方不可能在订立劳动合同时就履行劳动合同的所有细节——达成一致意见。为了劳动合同的顺利履行，法律基于"劳动关系的本质特征"构建了用人单位的自主管理权，即劳资双方在合同订立时的"同意"不仅包括合同中明文规定的权利义务，亦包括用人单位在履

---

[1] 参见雷磊："为权衡理论辩护"，载《政法论丛》2018年第2期。

行合同中单方确定某些劳动给付细节。[1] 劳动给付细节不仅包括每一次具体劳动任务的指示，也包括为提高生产效率、优化管理流程等采取的各项措施。后者不但是市场经济的精髓，也是用人单位合法的利益之一。因此，以提升效率、优化管理为目的的信息收集即具备目的上的合法性，如通过人工智能对员工的工作表现和业绩进行智能监测和分析，提供客观、准确的绩效数据，简化管理层面的人工评估工作，提高绩效评估的准确性和公正性；再如通过采集劳动者在某一工作地点的逗留时间，了解劳动者生产的直接工时与间接工时，以及在各个岗位和生产线完成相应生产计划所消耗的工时，以此来确定之前的规划是否合理。

第二步为必要性（Erforderlichkeit）审查：在目的合法的前提下，应审查用人单位为达到该目的所采取的手段是否符合最小化原则，即是否存在其他对劳动者个人信息权益损害更小的替代方式。[2] 例如，用人单位为了监督劳动者是否偷窃商品，若劳动者在场时当面检查其储物柜就可达到监督目的，趁劳动者不在秘密检查其储物柜的做法即不符合最小化原则。[3]

第三步为相称性（Angemessenheit）审查：若手段（用人单位处理劳动者信息的行为）已是最小侵害方式，则需审查个案中的劳资利益是否均衡。[4] 只有用人单位（通过处理信息）所欲达成的目的承载的利益比劳动者受到侵害的权益更值得保护时，用人

---

〔1〕 详细介绍参见沈建峰："论用人单位指示权及其私法构造"，载《环球法律评论》2021 年第 2 期。

〔2〕 Martin Franzen, in: Erfurter Kommentar zum Arbeitsrecht, 23. Auflage 2023, BDSG § 26, Rn. 10.

〔3〕 BAG, Urteil vom 20. 6. 2013 – 2 AZR 54（德国联邦劳动法院 2013 年 6 月 20 日第 2 AZR 54 号判决书）.

〔4〕 BT-Drs. 18/11325, 97（德国联邦议会第 18/11325 号立法理由书，第 97 页）.

单位处理信息方为合法。[1] 在个案中，衡量用人单位与劳动者利益时，可考量以下因素[2]：①处理信息的目的，如监测劳动者的工作表现还是维护企业、员工和客户的财产安全，为预防还是为惩罚。②处理信息对劳动者生活领域的入侵强度，如是对其社交领域、私人领域还是对其生活方式的核心领域的入侵。③处理信息的方式，如采用公开监控还是隐蔽监控的方式，某一处理信息的行为是随机性的还是长期性的。经过综合考量上述因素后，再通过运用动态系统论或重力公式等衡量工具，得出最终结论。

三、类型化场景中比例原则的运用

当然，妥当性、必要性和相称性仍属于不确定的法律概念，需要在个案中进一步细化。若妥当性和必要性尚可结合现有技术得以确定，则相称性因需要价值权衡而增加了结果的不确定性。在此情况下，根据不同的目的将智能管理场景化，将有助于提升法律分析和适用的精确化程度。

1. 以监督工作状态为目的的工作电脑监控

为监督劳动者的工作状态，一些企业会在劳动者的工作电脑上安装相应的监控软件。对于此类纠纷，只要用人单位的目的是"自主管理"（目的合法），且监控能够达到目的（即符合比例原则中的妥当性要求），用人单位的监控措施就会得到法院支持。例如，在修玉婵、海阳市融昌塑编包装有限公司（以下简称"融昌公司"）隐私权纠纷案中，融昌公司在其交付给修玉婵使用的办公电脑上安装了"超级眼"电脑监控软件，并用该软件自动下载

---

〔1〕 Tim Wybitul, Wie viel Arbeitnehmerdatenschutz ist "erforderlich"? BB 2010, 1085 (1087).

〔2〕 Vgl. Martin Franzen, Persönlichkeitsrecht und Datenschutz im Arbeitsverhältnis, ZFA 2019, 18 (32 ff.).

修玉婵的微信、QQ 等社交媒体上的聊天信息。法院经审理认为："修玉婵在工作期间应该忠于职守，修玉婵使用融昌公司提供的办公电脑应用于融昌公司安排的工作任务，修玉婵不应用于除工作业务之外的其他用途，其办公电脑内的使用空间对于融昌公司来说是公开的，不构成秘密，融昌公司在其所有的办公电脑上安装超级眼电脑监控属于企业的自我管理行为，属于合法行为。"[1]再如，在吴仲军与深圳市腾瑞丰科技有限公司劳动合同纠纷案中，因员工连续一周在工作时间内大量从事与工作无关的事，且故意摆放杂物遮挡监控，法院支持了单位的解雇行为。[2]

如前所述，按比例原则的要求，手段和目的需符合妥当性、必要性和相称性要求。就此而言，上述法院的判决存在以下可商榷之处：其一，就妥当性要求而言，监控劳动者工作电脑和聊天记录是否能够真正提升工作效率？不可否认的是，监控可在一定程度上减少员工与工作无关的行为，但也不可忽视监控带给劳动者的精神压力。在高强度的精神压力下劳动者能否仍然全神贯注工作令人生疑。其二，就必要性要求而言，即便监控电脑和聊天记录对提升效率有促进作用，是否符合手段最小化的原则？回答这一问题需根据个案中的具体工作内容作进一步判断。若劳动者工作内容是结果导向型的（例如律师助理的工作是在规定时间内整理相关判例，设计师的工作是在规定时间内完成设计图），则用人单位完全可通过"节点+结果控制"的方式检查劳动者的工作效率。若用人单位需要进一步把控工作细节，还可要求劳动者定期汇报其工作进度。只有对于过程导向型的工作内容，方可能有必要借助智能设备全程监控劳动过程。例如，在德国司法实践中，

---

[1]　山东省烟台市中级人民法院（2019）鲁 06 民终 7145 号民事判决书。相似判决理由参见湖南省长沙市开福区人民法院（2019）湘 0105 民初 5287 号民事判决书。
[2]　参见广东省深圳市中级人民法院（2018）粤 03 民终 26105 号民事判决书。

客服中心全程记录工作人员和客户的通话[1]、雇主通过监控和追踪软件全程记录负责数据库处理工作人员的工作过程[2]均被认定为合法。其三，就相称性要求而言，用人单位监督工作状态的利益是否一定高于劳动者的个人信息和隐私权利？在修玉婵、融昌公司隐私权纠纷案中，法院的论证思路是：用人单位有权监测工作状态，且劳动者从事了工作以外的事，即便被用人单位监测到，亦不构成对隐私权的侵犯。但法院忽略的是，微信作为最重要的日常联络工具，既是劳动者与家人和朋友的感情纽带，也是劳动者与社会的重要连接，即便在工作过程中，劳动者偶尔在微信上回复个人信息亦在所难免。在用人单位并未告知会监测劳动者微信的前提下（告知之后劳动者或许会注册专门的工作微信账号），监测劳动者的微信使用情况实际上侵入了劳动者私人社交与核心生活领域，以监测工作状态之名侵犯劳动者隐私难言正当。

2. 为维护人身和财产安全的智能监控

以维护用人单位和劳动者人身和财产安全为目的的监控通常具有明显的正当性，且监控与人身财产安全亦满足妥当性要求。如在张学娟与深圳市领达小额贷款有限公司小额借款合同纠纷案中，一审和二审法院都认为，在工作地点安装摄像头进行监控，可以在公司的财产权、劳动者的财产权和人身权的安保上发挥作用，预防和打击犯罪行为。基于此，公司安装摄像头的行为有其合理性。[3]但

---

[1] Martin Franzen, in：Erfurter Kommentar zum Arbeitsrecht, 23. Auflage 2023, BDSG § 26, Rn. 23.

[2] LAG Köln 29. 9. 2014, −2 Sa 181/14（德国科隆高等劳动法院 2014 年 9 月 29 日第 2 Sa 181/14 号判决书）.

[3] 参见广东省深圳市中级人民法院（2020）粤 03 民终 6076 号民事判决书。在本判决书中，二审法院也指出摄像头监控的时间和空间范围必须要有严格的内控制度，内容的提取和使用应当依照一定的规程，不得违反法律、行政法规的相关规定，应平衡用人单位监管需求和劳动者的隐私权保护，但最后认定为公司监控行为"并无不妥"。

就必要性而言，则有必要结合个案中的具体情形进行具体分析。由于高清摄像技术的发展和监控软件强大的数据处理能力，工作场所的智能监控甚至可以捕捉到劳动者的手机屏幕和低声谈话。因此，若低像素的摄像头和无声监控足以保护人身和财产安全，应尽可能避免高清摄像头和声音采集监控。

3. 为发现违反劳动纪律和犯罪的行为而实施的监控

与维护人身与财产安全不同，发现违反劳动纪律和犯罪的行为不具有当然正当性。在没有任何迹象表明违纪行为或犯罪行为已发生或可能发生的情况下，纯粹为预防而在职场实施的一般性监控通常不被认定为合法。如《德国联邦数据保护法》第 26 条第 1 款规定，只有针对那些有事实和证据的犯罪行为，才能处理劳动者的个人数据。当然，"事实和证据"并不是指存在确切指向犯罪的事实和证据，而是指可能存在犯罪事实的某些线索。在一起案件中，雇主 K 是一家汽车公司，发现某一车间经常丢失汽车零部件。管理人员与所有车间工作人员进行了谈话，但仍未获得任何线索。德国联邦劳动法院据此认可了雇主在车间门口安装摄像头的行为。[1] 这一判决思路也被用于为发现违纪行为而实施监控的案件中。在另一起案件中，雇主 M 收到一封邮件，举报雇员 A 存在违反竞业限制的行为。对此，雇员 A 在谈话中进行了否认。为查清事实，雇主 M 派人监控了雇员 A 的部分行踪。这一监控行为亦得到了德国联邦劳动法院的认可。[2] 由此可见，比例原则在这一类型监控的适用中呈现了以下特点：① "基于某些线索去进一步追查违纪行为和犯罪行为"方构成正当目的；②监控和追查之

---

〔1〕　BAG, Urteil vom 20. 10. 2016-2 AZR 395/15（德国联邦劳动法院 2016 年 10 月 20 日第 2 AZR 395/15 号判决书）.

〔2〕　BAG, Urteil vom 29. 6. 2017-2 AZR 597/16（德国联邦劳动法院 2017 年 6 月 29 日第 2 AZR 597/16 号判决书）.

间一般具有明显的妥当性；③对于必要性和均衡性的判断，需考察雇主实施监控前是否采取了其他更温和的手段（如谈话和警告）以及违纪行为和犯罪行为对雇主的影响。我国司法机关在审理相关案件时亦可借鉴这一思路。

小　结

数字化背景下的职场智能监控不仅为劳动法提出了新问题，也需要宪法、行政法乃至社科法学的回应。受劳动关系从属性影响，劳动者同意并不能单独作为处理个人信息的合法性基础。由此推知，《个人信息保护法》第13条第1款中的"个人的同意"与"人力资源管理所必需"不是并列关系，而是递进关系。具言之，其一，劳动者同意，是用人单位处理劳动者个人信息的首要前提。为解决劳动者同意所面临的困境，用人单位的解释说明应符合透明性要求。其二，职场智能监控的使用应为"人力资源管理所必需"。其三，在满足为"人力资源管理所必需"这一前提的条件下，智能监控的使用还应符合比例原则，以平衡用人单位管理需求和劳动者权益保护。

第七章

劳动合同其他条款及周边

第一节　离职协议

实践中，用人单位与劳动者在解除或者终止劳动关系时，对双方达成的合意以及给付的补偿或者赔偿等，通常会以离职协议等书面形式予以确定，同时会附上"双方劳动关系存续期间再无其他任何争议纠纷""不得再就双方之间的任何争议申请劳动仲裁或者提起诉讼"等条款。2010年最高人民法院《关于审理劳动争议案件适用法律若干问题的解释（三）》第10条曾规定："劳动者与用人单位就解除或者终止劳动合同办理相关手续、支付工资报酬、加班费、经济补偿或者赔偿金等达成的协议，不违反法律、行政法规的强制性规定，且不存在欺诈、胁迫或者乘人之危情形的，应当认定有效。前款协议存在重大误解或者显失公平情形，当事人请求撤销的，人民法院应予支持。"以上规定被纳入 2020 年 12 月 29 日发布的《劳动争议解释（一）》第 35 条中。

本书认为：上述规定只涉及强制性规定和显失公平对离职协议效力的控制，即底线控制。若离职协议确实为双方平等协商的"个别约定"，自然只需遵守强制性规定和显失公平的底线标准。但在用工实践中，即便在解除或终止劳动关系时，大多数劳动者仍处于弱势地位，对于离职协议的很多内容仍然只能"接受或离开"。例如，很多用人单位在离职协议中提出的加班费、经济补偿或工伤赔偿会低于法定标准。但很多劳动者出于对漫长司法程序的畏难情绪和经济需求，会不得不同意用人单位的主张。此时的离职协议实际构成了格式条款，需要接受底线控制和均衡控制的双重检验。接下来，笔者将根据条款类型，分析其作为个别约定和格式条款时的效力。

一、加班费条款

离职协议中约定低于法定标准的加班费是否有效，首先取决于相关法律规范本身是否构成强制性规定。在我国劳动法教材中，加班工资属于劳动基准，具有公法属性，依此逻辑应属于强制性规定。根据《劳动法》第 44 条和《工资支付暂行规定》第 13 条的规定，劳动者在法定工作时间之外加班的，应按照不同的加班时间，支付 150%、200% 和 300% 的工资。在此框架下，若劳动者与用人单位就劳动者工作时间和加班费计算基数并无异议，却约定了较低的计算标准，该约定即因违反强制性规定而无效。在实践中，劳动者"反悔"的原因往往在于其不认可协议约定的加班费计算基数。自此，问题焦点变为：劳资双方可否约定加班费计算基数？又该如何判定其效力？

　　从国家法律规定层面来看，加班费计算基数，在《劳动法》第44条中表述为"工资"，在《工资支付暂行规定》第13条中表述为"劳动合同规定的劳动者本人日或小时工资标准"。根据原劳动部《关于贯彻执行〈中华人民共和国劳动法〉若干问题的意见》（以下简称《劳动法若干意见》）第53条的规定，劳动法中的"工资"是指用人单位依据国家有关规定或劳动合同的约定，以货币形式直接支付给本单位劳动者的劳动报酬，一般包括计时工资、计件工资、奖金、津贴和补贴、延长工作时间的工资报酬以及特殊情况下支付的工资等。从该文字表述推论，加班费计算基数应包括计时工资、计件工资、奖金、津贴和补贴。但在各地的地方性规范中，劳资双方又可自行约定加班费计算基数。例如北京市高级人民法院、北京市劳动人事争议仲裁委员会《关于审理劳动争议案件法律适用问题的解答》第22条规定：用人单位与劳动者在劳动合同中约定了加班费计算基数的，以该约定为准。在此框架下，《劳动法若干意见》第53条则不构成强制性规定（即任意性规范），可以通过约定予以排除。

　　对于不构成格式条款的离职协议，即便双方约定的加班费计算基数低于《劳动法若干意见》第53条中的工资项目之和，其效力仍应得到法律认可。但若加班费计算基数约定构成格式条款，则其不可偏离任意法（即《劳动法若干意见》第53条）的"基本思想"。接下来的问题是：什么是该条的"基本思想"？笔者认为，该条之所以详细列出"工资标准"的项目，首先是因为"工资"这一基础概念是劳动法其他制度的要素，例如经济补偿、各类社会保险待遇和加班费均以劳动者的"工资"为计算基础。但更重要的则是使劳动者能够清晰地认识到自己的权利状况（即自己劳动给付的对价），从而能够在劳动力市场中作出准确的判断。因此，若双方约定的加班费计算基数低于计时工资、计件工资、奖金、津贴和补贴总额的 75% 至 80%，则可能会因偏离《劳动法若干意见》第 53 条的"基本思想"而导致无效。

二、经济补偿和工伤赔偿条款

离职协议中约定的经济补偿和工伤赔偿低于法定标准时，该约定是否有效？这一问题在学界并未引发关注，在司法实践中，司法机关的处理思路如下：①若约定的经济补偿数额低于法定标准的 50%〔1〕，构成显失公平，为无效约定；最高人民法院民事审判第一庭认为，由于工伤赔偿蕴含着对劳动者健康权的保护，其显失公平的认定标准应当适当从宽。就此可参照最高人民法院《关于适用〈中华人民共和国合同法〉若干问题的解释（二）》（已废止）第 19 条第 2 款关于"转让价格达不到交易时交易地的指导价或者市场交易价百分之七十的，一般可以视为明显不合理的低价"的规定，确定低于法定赔偿标准的 70% 作为认定解除或终止劳动合同工伤赔偿协议是否显失公平的标准。〔2〕②约定的经济补偿低于法定标准，但尚未构成显失公平时，若离职协议中明确约定劳动者放弃差额部分的，则劳动者不可再主张差额部分；〔3〕但若离职协议中未明确约定劳动者放弃差额部分的，则视为劳动者仍有权诉求差额部分〔4〕。

由此可知，司法实践判决基本延续了《劳动争议解释（一）》第 35 条中的底线控制思路，即将协议视为个别约定，其是否显失公平取决于约定数额与法定标准的差额。然而，部分司法机关采

---

〔1〕 例如广东省深圳市中级人民法院（2021）粤 03 民终 7174 号民事判决书。

〔2〕 最高人民法院民事审判第一庭编著：《最高人民法院新劳动争议司法解释（一）理解与适用》，人民法院出版社 2021 年版。

〔3〕 例如上海市第一中级人民法院（2009）沪一中民一（民）终字第 1387 号民事判决书、江西省丰城市人民法院（2021）赣 0981 民初 2274 号民事判决书。

〔4〕 例如广东省深圳市中级人民法院（2016）粤 03 民终 3441 号民事判决书。

用的"未明确约定放弃差额部分，视为未放弃"的判决思路，却也体现了格式条款的倾向，因为这一判决思路实际上为合同解释思路。根据合同解释的基本方法，协议未明确约定劳动者是否放弃差额部分时，若无其他证据，可得出两种解释：劳动者放弃主张或未放弃主张。上述判决思路实际上是《民法典》第 498 条中格式条款的解释路径：对格式条款有两种以上解释的，应当作出不利于提供格式条款一方的解释。

依笔者之见，即便关于经济补偿金和工伤赔偿金的约定的确为当事人协商一致的结果，决定其效力的也不只是显失公平，而是"是否违反强制性规定"。由此提出的问题为：《劳动合同法》和《工伤保险条例》中确定的经济补偿金标准和工伤赔偿金标准是否为强制性规定？在我国法律体系中，一项法律规定构成强制性规定的前提条件为：其立法目的或者是保护公共利益，或者是防止个体间利益的过分失衡。工伤赔偿和经济补偿的目的一为保证劳动者的基本生存和健康，此点即有保证国民健康的公益属性；二为使劳动者在一定时间内保持原有的生活水平。虽然无法保持原有生活水平不等于直接威胁劳动者生存和健康，但会在精神上影响劳动者在社会生活和个人交往中的体面和尊荣。基于此，本书认为经济补偿和工伤赔偿的法定标准均符合强制性规定的前提条件。低于法定标准的经济补偿和工伤赔偿会造成劳资双方利益的严重失衡，属于违反强制性规定之约定，应直接归于无效。

三、放弃诉讼条款（不起诉条款）

放弃诉讼权利的约定是否有效，学界和实务界存在不同意见。"否定说"认为，民事诉讼法属于强制性规范，私法主体通过协议排除一方的诉权，违反强制性规定。[1]"肯定说"则认为，包括劳动争议诉讼在内的民事诉讼中的诉权，是私法自治在公法领域的直接延伸。既然当事人可在诉讼过程中随时放弃诉讼（撤诉），自然亦可通过协议的方式自始处分其诉权。[2]还有法官认为，根据民事诉讼法中的处分原则，当事人可以自由支配自己的实体权利和诉讼权利，应该尊重不起诉协议的当事人就已经发生或者可能发生的纠纷在平等、协商和意思自治的基础上所作的关于解决纠纷的约定。因此，当事人作出的不起诉协议原则上有效，除非约定的其他纠纷解决手段不可能实现合同目的。[3]

因离职协议可能是用人单位单方拟定的产物，故应符合《民法典》第 496 条中公平原则的要求。也即，离职协议中排除诉讼权利的条款不应给劳动者利益造成"不合理的减损"。判断"不合理的减损"的基本方法为：若无排除诉讼权利条款，劳动者的利益是否会不同？该不同对劳动者更为有利还是不利？这一思路在我国司法实践中亦有体现。在胡旭诉上海申鑫足球俱乐部有限公司追索劳动报酬纠纷案[4]中，上海市第一中级人民法院之所以认定排除诉讼权利的条款有效，是因为青训教练工作合同同时约定了仲裁：双方有争议时应向中国足球协会仲裁委员会申请仲裁。基于《中华人民共和国体育法》《中国足球协会章程》和《中国足球协会仲裁委员会工作规则》等建构出了不同于民商事仲裁机

〔1〕 参见安徽省怀远县人民法院（2016）皖 0321 民初 2636 号民事判决书。

〔2〕 参见安徽省滁州市中级人民法院（2018）皖 11 民终 148 号民事判决书。张亚琼："论不起诉契约的效力及救济"，载《云南大学学报（法学版）》2012 年第 2 期。

〔3〕 乔林、朱滨倩："职业足球工作合同中不起诉协议效力的认定"，载 https://weibo.com/ttarticle/p/show? id=2309404805975063527611，最后访问日期：2023 年 5 月 11 日。

〔4〕 上海市第一中级人民法院（2020）沪 01 民终 10978 号民事裁定书。

制的足球仲裁机制，相比将职业足球劳动纠纷提交司法机关处理，中国足球协会内部仲裁的解决方式更具专业性和有效性，是目前最常用的救济途径。这一思路相当具有启发性，但并不适用于普通劳动争议。不同于中国足协内部仲裁，我国劳动仲裁机构相比于法院，并不更具专业性和有效性。相反，由于我国仲裁机构缺乏专业化的办案人员和有力的办案手段，仲裁结果的法律效力无法与法院判决相提并论。[1]《中华人民共和国劳动争议调解仲裁法》草案说明曾明确指出，劳动仲裁机构和人员的非专业化的弱点日益显现出来。但该法仍未对仲裁人员提出资质管理要求，其设定的仲裁员任职条件也相对不具有较大的弹性。与此同时，仲裁机构亦无权传唤、保全证据、到金融机构调查和处罚扰乱审理秩序的人员。是故，与法院判决相比，仲裁结果得出过程中相对缺乏理性因素，更不易令人信服。在此情形下，排除劳动者诉讼权利的条款无疑是剥夺劳动者寻求公正救济的可能，构成对劳动者利益"不合理的减损"，应被认定为无效。

第二节 特殊工时制改造背景下的工时条款

一、"996 工作制"的泛化与特殊工时制改造

1. "996 工作制"的泛化与成因

2016 年，某互联网公司被曝实行全员"996 工作制"，工作时间从早上 9 点到晚上 9 点，一周上班 6 天。"996 工作制"并不专属于互联网行业，大多数行业即便未达到"996"的工作强度，也

---

[1] 参见沈建峰、姜颖："劳动争议仲裁的存在基础、定性与裁审关系"，载《法学》2019 年第 4 期。

有高达80%白领的工作时间超过了法定工时（40小时/周）。[1]

"996工作制"现象的出现，首先是因为我国现行法对违反工时制度的处罚力度不足。根据《劳动保障监察条例》第25条的规定，用人单位违反劳动保障法律、法规或者规章延长劳动者工作时间的，由劳动保障行政部门给予警告，责令限期改正，并可以按照受侵害的劳动者每人100元以上500元以下的标准计算，处以罚款。每人500元的罚款远小于加班给用人单位带来的额外利润，用人单位的"理性违法"在所难免。[2]其次是隐藏在"自愿加班"下的强迫加班。这一点在自主性劳动者（autonomous workers）身上体现得尤为突出。自主性劳动者多实行项目负责制和配套的成果主义工资制度。在这种模式下，企业虽不会安排劳动者加班，但劳动者为了能够完成过量的工作任务不得不选择"自愿加班"。而依我国现行法的规定，对于未经企业安排的"自愿加班"，企业不是无需支付加班费，而是无需承担任何法律责任。最后，我国现行法缺乏对适用特殊工时制劳动者权益保障的细致规定。由于法律不要求企业就每日的工作上限与职工达成合意或征得职工同意，事实上用人单位申请的特殊工时制一旦获批，即可单方决定每日的工作上限，实践中就会出现劳动者休息得不到保障且无法救济的情形。

2. 特殊工时制的改造：改变"996现象"的根本出路

长时间的"过劳"工作，不仅危害劳动者的身心健康，也会影响劳动者组建家庭和参与社会活动。是故，保障劳动者的休息

---

〔1〕 "智联招聘《2019年白领996工作制专题调研报告》"，载 http://fj. news. 163. com/19/0425/15/EDKB3DD604418LFK. html，最后访问日期：2023年5月21日。

〔2〕 参见班小辉："反思'996'工作制：我国工作时间基准的强制性与弹性化问题"，载《时代法学》2019年第6期。

权，既有保障劳动者个体健康权的私法向度，又有维护社会公共利益的公法向度。在联合国大会 1948 年通过的《世界人权宣言》和 1966 年通过的《经济、社会及文化权利国际公约》中，休息权上升为人权。20 世纪下半叶，休息权更是成为各国的宪法性权利。此乃遏制"996 现象"的正当性依据。

当然，遏制"996 现象"并不能止步于提高违法成本，而应当着眼于我国的工时制度。因为根据社会经济条件制定出合理的工时制度是法律事实的先决条件，否则，或者会导致普遍违法，减损执法的积极性，或者损害企业经营活动的灵活性，造成资源浪费。我国特殊工时制的法律规定公布于 1994 年（《关于企业实行不定时工作制和综合计算工时工作制的审批办法》），距今已有近30 年历史。该办法第 4 条和第 5 条列举了可以申请不定时工时制和综合工时制的岗位类型，并加上了"其他因生产特点、工作特殊需要或职责范围的关系，适合实行不定时工作制的职工"和"其他适合实行综合计算工时工作制的职工"这一兜底性规定。时至今日，这两条规定面临着就业格局和产业结构的变化：一是明确列举的岗位类型范围过于狭窄，尤其未考虑到知识经济下自主性劳动者的特点。自主性劳动者从事的工作具有高度创造性，虽然创造性的工作可通过分解工作步骤来规划工作进度，但与传统工厂劳动和一般办公室文员的劳动相比，工作时间仍有不确定性和不可预测性。[1] 由于该类型工作并未被上述规定列举，若劳动行政机关采取严格的审批态度，企业恐难为列举范围外的自主性劳动者申请特殊工时制，进而也就无法从法律上对其进行有效约束，从而使得"996 现象"普遍存在，却游离在法律规定之外。基

---

[1] 陈靖远："自主性劳动者标准工时适用除外及其限制"，载《法学》2021 年第11 期。

于此，以特殊工时制为切入点，探索适用于知识经济时代的工时制度，成为法学界近年来关注的热点。

3. 合同规制视角下特殊工时制的改造方案

学者对特殊工时制的改造思路集中于以下几点：其一，放宽特殊工时制适用的岗位范围，把适用标准从原先的"行业+岗位特点"转变为"岗位特点"，同时细化"岗位特点"的认定标准；其二，规范特殊工时制适用的前提条件；其三，建立对适用特殊工时制劳动者休息权和身体健康权的兜底保障。[1]

从劳动合同规制的视角来看，放宽特殊工时制适用的岗位范围意味着赋予了劳资双方更多的自治空间：用人单位可以和某些工作岗位上的劳动者在更大范围内自主安排劳动时间。特殊工时制的审批作为一种行政许可，即是对工时自治的确认。工时自治不意味着用人单位单方决定劳动者的劳动时间和休息时间。劳动时间（给付时间）属于劳动者的给付义务，构成劳动合同的主合同义务。若要具体劳动关系中的工时制度具备约束力，劳动者同意是首要条件。在此情形下，由劳资双方达成一致意见的工时制度的实质为合同条款，而合同条款当然不能逾越法律的强制性规定（即对劳动者权益的兜底保障条款）。对于特殊工时制适用的岗位范围，学界已有充分研究，鉴于篇幅，本节不再讨论。相反，本节将针对尚待细化研究的问题——劳动者同意和劳动者权益保障方式——进行探讨，以就教于同仁。

---

[1] 例如赵红梅："论我国工时制度的缺陷、价值功能及其完善"，载《环球法律评论》2020年第1期；王倩："论我国特殊工时制的改造：在弹性与保障之间"，载《法学评论》2021年第6期；陈靖远："自主性劳动者标准工时适用除外及其限制"，载《法学》2021年第11期；王天玉："工作时间基准的体系构造及立法完善"，载《法律科学（西北政法大学学报）》2016年第1期。

二、劳动者同意的模式和同意保障

1. 集体合意还是个人同意？

前文已述，劳动者同意是特殊工时制条款生效的首要条件。从广义上说，劳动者同意其实既指集体合意（以集体决议或集体合同为载体），又指劳动者个人同意（以个体劳动合同为载体）。从比较法的经验来看，集体协商制度相对完善和集体协商经验相对丰富的国家（如德国），多采用集体合意的模式。集体合意主体为代表劳动者利益的工会，在信息收集、谈判力量上与用人单位势均力敌，双方就工作时间达成的集体合同是"真实意思"的体现。基于此，德国法规定法院只能对集体合同进行狭义的"合法性审查"（是否违反强制性规定），而无权进行均衡审查[1]。我国《关于企业实行不定时工作制和综合计算工时工作制的审批办法》仅规定实行特殊工时制需进行行政审批。在地方层面，各地方性规定大多要求听取工会或职工代表的意见，少部分要求实行特殊工时制必须经由职工代表大会[2]或相关劳动者同意[3]。从学理上分析，德国模式是最为理想的选择，既能弥补劳动者在个别协商中的弱势，也能根据具体的行业特点和岗位特点更有效地匹配企业和劳动者的需求。我国的企业工会在组建设置、人员选任、经费来源等方面往往依赖于资方，职工代表大会也未在非公有制企业中普遍设立。即使在设立了职工代表大会的用人单位中，其职权、功能、定位也相当模糊，所以职工代表大会在参与

---

〔1〕《德国民法典》第 310 条第 3 款明确将"集体合同"排除在了格式条款内容控制范围之外。

〔2〕 晋劳社厅发〔2008〕25 号文第 7 条；内劳社办字〔2008〕112 号文第 7 条。

〔3〕 如广东（粤劳社发〔2009〕8 号文第 5 条）和福建（闽人社文〔2012〕115 号文第 7 条）规定用人单位申请特殊工时制审批的必须提交职工签名表。

企业管理方面发挥的作用有待提高。[1] 而县级以上工会多采用参公管理的模式，推行的集体协商带有较强的行政化色彩。[2] 因此，我国采用"劳动者个人同意"＋"同意保障"是更为务实的选择。[3]

2. 个人同意的性质和保障机制

既然劳动者同意是实行特殊工时制的前提条件之一，则应在劳动合同中与劳动者明确约定该岗位实行"综合工时制"或"不定时工时制"，或入职后通过变更劳动合同予以明确约定。值得注意的是，用人单位无需就每一次具体的工作和休息安排得到劳动者同意。因为具体的工作和休息安排其实取决于劳动给付的细节，而由于劳动合同的持续性特征，劳资双方不可能在劳动合同签订时就具体劳动给付细节达成合意，是故，法律推定劳动者通过"概括同意"的方式授予用人单位指示权。在这一框架下，劳动者与用人单位约定的特殊工时制实际上是一种概括同意，而用人单位具体的工作和休息安排则是对其指示权的行使。

当然，若劳动合同中的工时条款表述仅为"本岗位实行不定时工时制/综合工时制"，对劳动者可能仍然不够公平：除高级管理人员和部分销售人员外，大多数适用特殊工时制的劳动者并不具备完全自主安排工作时间和工作地点的权限。用人单位可能会利用合法的指示权任意安排劳动者的工作时间和休息时间。即使不合理的安排并未威胁劳动者健康，也会使得劳动者的时间处于不可掌控的状态，从而影响劳动者的家庭生活和社会生活。为保

---

〔1〕 参见谢增毅："职代会的定位与功能重塑"，载《法学研究》2013 年第 3 期。

〔2〕 参见常凯："劳动关系的集体化转型与政府劳工政策的完善"，载《中国社会科学》2013 年第 6 期。

〔3〕 相同观点参见王倩："论我国特殊工时制的改造：在弹性与保障之间"，载《法学评论》2021 年第 6 期。

障劳动者的上述权益，法律可考虑以下路径：

第一，要求劳动合同中的特殊工时制条款须符合透明性要求（Transparenzgebot）。透明性要求起源于德国法中的格式条款内容控制制度。德国法院在审理格式条款相关纠纷时发现，一些经营者故意拟定模糊不清的条款，使相对人无从理解条款对其权利和义务的影响。如此，经营者便可在合同履行过程中根据自身的利益随意"调整"合同内容。针对这一类型条款，德国法院通过判例确定了透明性要求，即条款内容表述须满足清晰、明白、具体的要求，使相对人可以理解条款的真实含义及其对自身利益状况的影响，提前准备相应的策略。[1] 后来这一制度也适用于劳动合同。[2] 值得注意的是，条款内容的"具体程度"取决于经营者在拟定合同时的客观情况和合同性质。[3] 特殊工时制的目的在于给予用人单位更多的弹性空间，要求用人单位在拟定特殊工时制条款时确定每一具体工作日的工作和休息安排不符合事理。因此，保证劳动者的"时间安排利益"，避免用人单位无限度侵蚀劳动者个人时间的可行方法为：要求用人单位在条款中写明延长工作时间的理由（例如存在进度节点的项目或者因工作性质需要劳动者长时间处于待命状态等）。这一安排可增加劳动者对事件的控制程度，在一定程度上遏制加班文化下的常态化"加班"和"无意义加班"。

第二，用人单位具体的工作安排和时间安排，属于行使用人

---

〔1〕 Vgl. Pfeiffer, in: Wolf/Lindacher/Pfeiffer: AGB-Recht, Kommentar, § 307 Rn. 326.

〔2〕 德国的工时制度多由集体协商确定，透明性要求在工时条款中发挥的作用极其有限。相反，由于德国现行法未对加班工资作明确规定，透明性要求多用于判断"包含加班费的劳动报酬条款"的效力，即用人单位需在合同中列明约定的劳动报酬可包含的最长加班时间。详情参见 BAG 27. 6. 2012，5AZR 530/11，NZA 2012，1147，Rn. 16.

〔3〕 Vgl. Wurmnest, in: Münchener Kommentar zum BGB, § 307 Rn. 267.

单位指示权，应依照诚实信用原则接受合理性审查。诚实信用原则以协调和平衡当事人之间的利益为目的，要求当事人彼此考虑对方的利益。[1] 是故，在审查每一具体工作安排和休息安排时，应按利益衡量步骤确定双方利益，确定优先保护的利益，并依照比例原则进行衡量。[2] 在司法实践中，这一审查往往体现在劳动合同解除纠纷中。许多用人单位为保证出勤率，会将"拒绝服从工作安排"规定为严重违纪行为，当劳动者无法到岗或拒绝到岗时，会以劳动者"严重违反规章制度"为由解除与劳动者的劳动关系。抛开这一解除理由本身的合法性不论，劳动者不到岗是否构成"拒绝服从工作安排"实际上取决于用人单位的工作安排是否合理。例如在王某某与上海安盛物业有限公司（以下简称"安盛公司"）劳动合同纠纷案中，王某某因父亲去世需请事假两天，但安盛公司并未准假。后安盛公司以王某某旷工超过三天为由解除了劳动关系。二审法院认为："王某某因父去世回老家操办丧事，既是处理突发的家庭事务，亦属尽人子孝道，符合中华民族传统的人伦道德和善良风俗。安盛公司作为用人单位，应给予充分的尊重、理解和宽容……考虑到王某某老家在外地，路途时间亦耗费较多，请事假两天，属合理期间范围，安盛公司不予批准，显然不近人情，亦有违事假制度设立之目的。"[3] 笔者赞同法院的判决结果和说理，因劳动者回家操办丧事祭奠至亲，是劳动者人格利益的重大体现。在不涉及重大公共利益的前提下，劳动者的人格利益应优先于用人单位的经济利益。与此同

---

〔1〕 参见韩世远：《合同法总论》（第四版），法律出版社 2018 年版，第 55 页。

〔2〕 详情见本书第一章第三节。

〔3〕 上海市第二中级人民法院（2020）沪 02 民终 10692 号民事判决书。该案例被最高人民法院列为典型案例。"第三批人民法院大力弘扬社会主义核心价值观典型民事案例"，载 http://www.rmfyb.com/paper/html/2023-03/02/content_ 225894. htm，最后访问日期：2023 年 5 月 20 日。

时，劳动者因照顾家庭确实无法到岗工作时，也应向用人单位说明理由，以便用人单位作出合理安排。在用人单位任务紧急的情况下，劳动者未说明任何理由而拒绝到岗，会损害用人单位的管理秩序。[1] 但劳动者已说明理由，而用人单位未采取相应替代措施（如安排其他员工暂时代替劳动者照顾家庭成员）却安排劳动者到岗工作的，则要根据具体情形进一步审查工作安排的合理性。

三、劳动者健康权的底线保障

经劳动行政部门审批适用特殊工时制的工作岗位，用人单位可以与其约定每日超过 8 小时和每周超过 40 小时的工时条款。接下来的问题是：如何采取必要的措施确保劳动者的身心健康？

纵观域外经验，保障特殊工时制劳动者健康的路径有二：一是通过"总工时数+每日连续休息时间"控制工作时长。如《德国工作时间法》第 3 条规定，每日工作时间原则上不超过 8 小时，但如果在 24 周内或者 6 个月内每日的平均工作时间不超过 8 小时，部分工作日的时间可以延长至 10 小时。根据该法第 7 条的规定，通过集体合同或企业协议最长可将上述变形时间延长至 12 个月。但在变形期间的每周平均工时不能超过 48 小时，且无论如何不能突破《德国工作时间法》第 5 条所规定的每 24 小时保证连续 11 小时休息时间的底线。与此同时，德国法对船员、航空机组成员、道路交通驾驶员以及高级雇员、作为医院或医院部门负责人的主任医师也作出了特殊的工时规定。[2] 日本和法国则规定无论何种

---

〔1〕　参见河北省高级人民法院（2018）冀民申 4351 号民事裁定书。
〔2〕　详细论述参见王倩："论我国特殊工时制的改造：在弹性与保障之间"，载《法学评论》2021 年第 6 期。

工时，每年的休息天数都不能少于标准工时制下的休息天数。[1]
二是建立保障上述规则实施的配套机制：①雇主记录工作时间的
义务。就此日本法律要求企业必须把握和记录劳动者的健康管理
时间[2]，法国法律要求雇主制定一份记录劳动者工作日或半日数
以及工作日期的文件。欧洲法院在 2019 年 5 月 14 日的判决中也指
出：各成员国应当通过立法明确雇主有义务记录每个雇员每天全
部的工作时间。②雇主根据工作时间的记录结果采取积极应对措
施减少对劳动者可能造成的损害，如定期与雇员面谈，通过与雇
员交流工作量、工作与个人生活等合理安排工作[3]。

在借鉴域外经验的基础上，我国学者提出：特殊工时制在促
进弹性用工的同时，也要引入最少休息天数和每日工作休息的下
限，同时升级监督检查和法律责任。整体思路虽值得赞同，但笔
者认为，在我国集体协商制度尚待完善的背景下，保障劳动者健
康不应纠结于具体天数和小时数。这是因为适合实行不定时工时
制的劳动者的工作状态差异极大，对工作时长、间隔和休息时长
的要求各不相同，依靠国家立法针对每一劳动者群体制定工时规
范并不现实。即便立法规定了最少休息天数和每日工作下限，若
无配套实施机制，同样会造成普遍违法的局面，劳动者的健康权
更难得到保障。在此情形下，升级用人单位对劳动者健康的法律
责任可能是更为务实的选择。具体可借鉴侵权法中的责任形态，
确定用人单位的法律责任。如劳动者可能因过度劳累而处于亚健
康状态或患病的，当劳动者之前每日平均工作时间超过 10 小时，
每周平均工作时间超过 48 小时时，推定工作时长与健康损害之间

---

[1] 陈靖远："自主性劳动者标准工时适用除外及其限制"，载《法学》2021 年第 11 期。
[2]《日本劳动基准法》第 41 条之 2 第 1 项 3 号。
[3]《日本劳动基准法》第 41 条之 2 第 1 项 6 号。

存在因果关系。若用人单位证明，劳动者健康损害的原因主要是劳动者自身体质和生活习惯，则可推翻前述因果关系。这一规则的目的是促使用人单位定期与劳动者交流，根据劳动者的健康状态、工作和家庭生活，合理安排劳动者 8 小时以外的工作时间，从而在协商中找出适合劳资双方的工作和休息安排，实现弹性和保障的协调。

第三节　不完全劳动关系中的"扣罚"条款

2021 年 7 月 16 日，人力资源和社会保障部、最高人民法院等八部委发布的《关于维护新就业形态劳动者劳动保障权益的指导意见》将平台直接用工劳动者分为三类：一是符合确立劳动关系情形的；二是个人依托平台自主开展经营活动、从事自由职业等的；三是不完全符合确立劳动关系情形，但企业对劳动者进行劳动管理的（以下简称"不完全劳动关系"）。该意见之所以规定不完全劳动关系，是因为以外卖送餐为代表的平台运营和用工方式的新特点对我国现行劳动法形成了挑战：一是就劳动关系的认定标准而言，平台用工（尤其是众包外卖骑手）因自主决定上下线时间和直接分成的特点，难以符合"人格从属性"的要求。二是就利益平衡而言，无论是否认定为"劳动关系"，均会造成双方利益失衡。有学者据此认为我国劳动法进入"三分法"时代，即将第三类劳动者视为"类雇员"，并采用"民法做加法"的立法进路，实现底线保障。[1] 有学者持不同意见，认为不完全劳动关系

---

[1]　王天玉："平台用工的'劳动三分法'治理模式"，载《中国法学》2023 年第 2 期。

本质上仍属于劳动关系，但可采取"劳动法做减法"的方式适当限制平台从业者的部分权利（"二分法"）。[1] 笔者无意就此展开讨论，因二者在劳动者的底线保障——职业伤害保障、最低工资等方面并无本质差别。区别在于"三分法"认为可以通过另行立法的方式将平台从业者纳入强制参保人群，在"二分法"下平台从业者直接以劳动者的身份加入社会保险。在本节中，笔者将聚焦于被主流观点忽略的另一纠纷类型——罚款纠纷，分析外卖平台管理规则中罚款规定的效力，从而为平台用工法律机制的完善尽一份绵薄之力。

一、民法和劳动法框架下的罚款规则

目前外卖平台针对骑手的罚款事由主要有订单超时、取消订单、餐损、差评和投诉。例如"达达快送"制定的《达达管理说明》规定，送达超时小于或等于 5 分钟，扣服务费用的 15%作为违约金和 4 服务分；送达超时大于 5 分钟且小于或等于 20 分钟，扣服务费用的 30%作为违约金和 4 服务分；送达超时大于 20 分钟，扣服务费用的 50%作为违约金和 4 服务分。由此可知，外卖平台的罚款实质为合同违约金。

若外卖骑手与平台构成劳动关系，应根据劳动法的规定判定上述罚款规则的效力。根据我国《劳动合同法》的相关规定，用人单位只能就两种情形与劳动者约定违约金（专项技术培训与竞业限制）。即便一些法院判决认可了户口违约金，但劳动给付本身不能成为违约事由是学界共识。上述罚款规则会因违反强行法而直接归于无效，因为无论是送达超时和餐损，还是取消订单，均

---

〔1〕 常凯："平台企业用工关系的性质特点及其法律规制"，载《中国法律评论》2021 年第 4 期；常凯、郑小静："雇佣关系还是合作关系？——互联网经济中用工关系性质辨析"，载《中国人民大学学报》2019 年第 2 期。

是劳动者的主给付义务。当然，可以通过合同解释规则把"违约金"解释为"违约损害赔偿"。如此一来，罚款规则的效力则需要进行如下审查：其一，约定是否合理（即送达超时、餐损和取消订单作为罚款的理由是否合理）；其二，骑手的主观过错程度；其三，因违约给外卖平台造成的损失是否与违约金大致相当。若外卖骑手与平台不构成劳动关系，则无需考虑第二点与第三点，理由在于：根据《民法典》第577条、第582条和第585条的规定，违约责任的承担不以债务人的主观过错为前提。同时，只有违约金的数额"过分高于"损失的，当事人方可请求裁判机关予以适当减少。

　　就第一点而言，送达超时、餐损和取消订单分别对应着履行障碍中的迟延履行、不完全履行和拒绝履行，承担违约责任无可厚非。但值得注意的是，无论对于何种法律关系，不可抗力都是一种法定的免责事由。换言之，凡是规定发生履行障碍即承担违约责任的合同条款，至少部分无效。而所谓不可抗力，是指不能预见、不能避免且不能克服的客观情况。具体至外卖送餐中，若送餐途中遭遇恶劣天气，或在送餐途中因重大事故而造成交通中断，均属于骑手不能预见、不能避免且不能克服的客观情况。因此，《达达管理说明》对送达超时的罚款，实际上未区分不可抗力和一般履行障碍原因，其送餐途中遭遇不可抗力事件仍应承担违约责任的部分应被认定为无效。

　　当然，除不可抗力外，商家出餐超时、算法对送餐时间的计算失误、一般性的交通拥堵和骑手个人原因（如不熟悉路线等）亦会导致送达超时和餐损。问题在于，当送达超时和餐损不可归责于骑手本人时，骑手是否应承担违约责任？在劳动法框架中，因不可归责于劳动者的原因而导致履行障碍，属于用人单位应承担的"经营风险"。在现行《民法典》的违约责任框架中，此风险应由债务人承担，骑手仍应对履行障碍承担违约责任（即严格责任）。依笔者之见，对骑手课以严格责任既不符合《民法典》中严格责任的立法本意，又会造成骑手与外卖平台间利益、负担和风险的严重失衡。《民法典》第 577 条中的严格责任起源于原《合同法》第 107 条，而原《合同法》之所以采用严格责任，一个重要的动因是与国际公约接轨。是故，原《合同法》第 107 条为了维护商事交易中的安全、便捷以及纠纷迅速处理等价值，而舍弃了民事中的公平价值。[1] 即便将不完全劳动关系等同于民事关系，其中的违约责任亦不应适用《民法典》第 577 条的规定。除此之外，对骑手课以严格责任的做法还会导致如下后果：为避免罚款，骑手必须尽力以最快速度送达，甚至不惜违反交通规则。这一方面威胁了公共安全，另一方面在骑手职业伤害保障不到位的情形下，一旦发生交通事故，对本就处于弱势地位的骑手更是雪上加霜，不利于社会稳定。基于此，送达超时和餐损一律罚款的规定违反了公平原则，应归于无效。

若送达超时和餐损可归责于骑手本人，又该如何处理？关于劳动者的违约损害赔偿责任，我国现行法并未作明确规定。但在司法实践中，用人单位若要请求劳动者赔偿损害，则应先证明损害范围。而根据德国联邦劳动法院的判决，只有劳动者对损害负有一般过失和重大过失时，方负损害赔偿责任。[2] 在外卖送餐业务中，送达超时和餐损常态化可能会给平台信誉带来重大损失，甚至进一步威胁平台生存。为避免骑手违约常态化，平台就单笔订单的送达超时和餐损追究骑手的违约责任合情合理。然而，单笔订单的送达超时和餐损给平台带来的具体损害通常难以量化。

---

〔1〕 韩世远：《合同法总论》（第四版），法律出版社 2018 年版，第 751 页。
〔2〕 详细论述可见本书第四章。

为对故意违约骑手形成一定的威慑力，避免违约常态化，即使约定的违约金可能超出了单笔订单中的违约损害，只要不过分高于违约损害（如单笔订单服务费的 50%），罚款规则并不违背公平原则，应当有效。

二、规制罚款规则的路径选择——格式条款规则

上述分析表明：对于罚款事由而言，现行劳动法规则更符合"均衡分配利益、风险"的要求；但对于罚款金额而言，《民法典》的规则更适应外卖平台的经营模式。换言之，无论是劳动法还是民法中的一般规定，都无法均衡分配骑手与外卖平台的利益和风险。在国家尚未进行专门立法之前，《民法典》第 496 条至第 498 条（格式条款规则）可成为替代路径。具体操作如下：

第一，不完全劳动关系中的罚款规则性质为格式条款。理由如下：外卖平台虽然不强制要求骑手的工作时间，但对骑手的工作时间仍有较强的控制力，同时骑手的大部分经济收入依赖于送餐业务，[1] 骑手与外卖平台的不平等地位显而易见。由这一事实可以推知：面临由平台单方拟定的罚款规则，骑手并不具备与之平等协商的能力与机会。

第二，将罚款事由解释为"所有送达超时、餐损和取消订单等情形"和"不可归责于骑手的送达超时、餐损和取消订单等情形"，同时根据《民法典》中"有利于相对人一方"的解释按后者确定罚款条款含义。

第三，根据《民法典》第 496 条中的公平原则，为可归责于骑手的送达超时、餐损和取消订单等情形下的罚款规则提供正当

---

〔1〕　参见娄宇："新就业形态人员的身份认定与劳动权益保障制度建设——基于比较法的研究"，载《中国法律评论》2021 年第 4 期。

性依据，并可依此进一步确定合理的罚款金额。在个案中，可借助比例原则分析罚款金额的合理性，若扣积分和较低罚款金额足以达到管理目标，则应适当降低罚款（违约金）金额。

综上所述，《民法典》中的格式条款解释规则和内容控制规则可为个案中的罚款规则提供规制标准。当然，合理规则的形成，不应仅依赖于个案矫正，还应通过不断完善的集体协商机制，搭建骑手与外卖平台的充分商谈平台，从而全面促进新形态就业的发展。

参考文献

一、中文文献

1. 安建主编：《中华人民共和国公司法释义》，法律出版社 2005 年版。

2. 班小辉：“反思‘996’工作制：我国工作时间基准的强制性与弹性化问题”，载《时代法学》2019 年第 6 期。

3. 蔡唱：“公序良俗在我国的司法适用研究”，载《中国法学》2016 年第 6 期。

4. 蔡吉恒：“我国劳动合同立法比较研究”，载中国劳动法学研究会编：《劳动保障法学论丛》（第 1 卷），中国人事出版社 2005 年版。

5. 常凯：“劳动关系的集体化转型与政府劳工政策的完善”，载《中国社会科学》2013 年第 6 期。

6. 常凯：“平台企业用工关系的性质特点及其法律规制”，载《中国法律评论》2021 年第 4 期。

7. 常凯、郑小静：“雇佣关系还是合作关系？——互联网经济中用工关系性质辨析”，载《中国人民大学学报》2019 年第 2 期。

8. 陈景辉："比例原则的普遍化与基本权利的性质"，载《中国法学》2017年第5期。

9. 陈靖远："自主性劳动者标准工时适用除外及其限制"，载《法学》2021年第11期。

10. 陈坤："法律推理中的价值权衡及其客观化"，载《法制与社会发展》2022年第5期。

11. 陈龙："'数字控制'下的劳动秩序——外卖骑手的劳动控制研究"，载《社会学研究》2020年第6期。

12. 陈征："论部门法保护基本权利的义务及其待解决的问题"，载《中国法律评论》2019年第1期。

13. 陈自强：《民法讲义Ⅰ契约之成立与生效》，法律出版社2002年版。

14. 程立武："提成的认定和法律适用"，载《中国劳动》2015年第7期。

15. 程学华："以泄露薪资信息为由开除员工构成违法解除劳动合同"，载《人民法院报》2014年6月5日，第7版。

16. 程小勇、孟高飞："劳动合同服务期制度的适用"，载《人民司法》2014年第17期。

17. 程啸："论个人信息权益与隐私权的关系"，载《当代法学》2022年第4期。

18. 迟颖："我国合同法上附随义务之正本清源——以德国法上的保护义务为参照"，载《政治与法律》2011年第7期。

19. 崔建远主编：《合同法》（第五版），法律出版社2010年版。

20. 崔建远：《合同法总论》（上卷）（第二版），中国人民大学出版社2011年版。

21. 丁建安：《企业劳动规章制度研究》，中国政法大学出版社2014年版。

22. 丁晓东："隐私政策的多维解读：告知同意性质的反思与制度重构"，载《现代法学》2023年第1期。

23. 丁晓东："劳动者个人信息法律保护面临的挑战及其应对"，载《中国人民大学学报》2022年第3期。

24. 戴孟勇："论公序良俗的判断标准"，载《法制与社会发展》2006年第3期。

25. 董保华："论劳动合同中的服务期违约金"，载《法律适用》2008 年第 4 期。

26. 董保华："锦上添花抑或雪中送炭——析《中华人民共和国劳动合同法（草案）》的基本定位"，载《法商研究》2006 年第 3 期。

27. 董保华：《劳动合同立法的争鸣与思考》，上海人民出版社 2011 年版。

28. 董保华、陈亚："用人单位规章制度的法律性质及立法模式"，载董保华主编：《劳动合同研究》，中国劳动社会保障出版社 2005 年版。

29. 冯健鹏："个人信息保护制度中告知同意原则的法理阐释与规范建构"，载《法治研究》2022 年第 3 期。

30. 冯彦君："劳动合同解除中的'三金'适用——兼论我国《劳动合同法》的立法态度"，载《当代法学》2006 年第 5 期。

31. 冯彦君、王天玉："劳动合同服务期规则的适用——以'东航返航事件'为切入点"，载《当代法学》2009 年第 4 期。

32. 冯彦君、王佳慧："我国劳动法中应设立竞业禁止条款——兼谈弥补我国《劳动法》第 22 条的立法缺失"，载《吉林大学社会科学学报》2002 年第 6 期。

33. 郭昌盛："劳动法上违约金制度的反思与完善——以户口违约金条款的司法实践为例"，载《河北法学》2019 年第 10 期。

34. 高广旭："资本批判与时间解放——《资本论》的时间分析及其政治结论"，载《南京社会科学》2022 年第 5 期。

35. 桂菊平："竞业禁止若干法律问题研究"，载《法商研究（中南政法学院学报）》2001 年第 1 期。

36. 高圣平："用人单位劳动规章制度的性质辨析——兼评《劳动合同法（草案）》的相关条款"，载《法学》2006 年第 10 期。

37. 黄素珍："康德对自由意志的证成及其实践意义"，载《云南社会科学》2023 年第 2 期。

38. 贺剑："《合同法》第 54 条第 1 款第 2 项（显失公平制度）评注"，载《法学家》2017 年第 1 期。

39. 侯玲玲："劳动者违约金约定禁止之研究"，载《当代法学》2008 年第 4 期。

40. 韩强："违约金担保功能的异化与回归——以对违约金类型的考察为中心"，载《法学研究》2015 年第 3 期。

41. 韩世远：《合同法总论》（第四版），法律出版社 2018 年版。

42. 韩世远："中国合同法与 CISG"，载《暨南学报（哲学社会科学版）》2011 年第 2 期。

43. 贺栩栩："格式条款效力审查"，载朱庆育主编：《中国民法典评注：条文选注》（第 2 册），中国民主法制出版社 2021 年版。

44. 侯卓："用人单位规章制度法律效力的三维审思"，载《宁夏社会科学》2015 年第 4 期。

45. 蒋红珍："比例原则适用的范式转型"，载《中国社会科学》2021 年第 4 期。

46. 姜颖、李文沛："试论比例原则在劳动合同解除中的应用"，载《河北法学》2012 年第 8 期。

47. 江锴：《竞业限制法律制度问题研究》，上海三联书店 2021 年版。

48. 金可可："强行规定与禁止规定——论《合同法》第 52 条第（五）项之适用范围"，载王洪亮等主编：《中德私法研究》（13），北京大学出版社 2016 年版。

49. 季卫东："法律程序的意义——对中国法制建设的另一种思考"，载《中国社会科学》1993 年第 1 期。

50. 周国良、俞里江、李红："劳动合同与培训服务期协议的法律分析（上）"，载《中国劳动》2013 年第 4 期。

51. 吕惠琴：《劳动法领域权利配置的优化》，中国工人出版社 2020 年版。

52. 梁慧星：《民法解释学》（第四版），法律出版社 2015 年版。

53. 黎建飞、李敏华："劳动合同服务期责任的法哲学思考"，载《河南省政法管理干部学院学报》2009 年第 2 期。

54. 《劳动与社会保障法学》编写组编：《劳动与社会保障法学》（第二版），高等教育出版社 2018 年版。

55. 林嘉主编：《劳动法和社会保障法》（第三版），中国人民大学出版社 2014 年版。

56. 林嘉、杨飞："劳动合同解除中的经济补偿金、违约金和赔偿金问题研究"，载《劳动法评论》2005 年。

57. 刘景景："如何看待企业的罚款制度"，载《中国审判》2011 年第 5 期。

58. 雷磊："为权衡理论辩护"，载《政法论丛》2018 年第 2 期。

59. 雷磊："再论法律解释的目标——德国主/客观说之争的剖析与整合"，载《环球法律评论》2010 年第 6 期。

60. 刘练军："公序良俗的地方性与谦抑性及其司法适用"，载《求索》2019 年第 3 期。

61. 李想："论宪法视角下公序良俗原则的适用——以 '遗赠非法同居人案' 为例"，载《中国法律评论》2022 年第 5 期。

62. 李永军："论《民法总则》中个人隐私与信息的 '二元制' 保护及请求权基础"，载《浙江工商大学学报》2017 年第 3 期。

63. 刘绍宇："劳动合同法与民法适用关系的法教义学分析——以《劳动合同法》修改和民法典编纂为背景"，载《法学》2018 年第 3 期。

64. 李岩："公序良俗原则的司法乱象与本相——兼论公序良俗原则适用的类型化"，载《法学》2015 年第 11 期。

65. 刘懿："浅谈用人单位规章制度格式合同说在司法实践中的适用"，载《法制与社会》2015 年第 10 期。

66. 刘亚东："民法案例群方法适用的中国模式"，载《环球法律评论》2021 年第 1 期。

67. 刘召成："法律规范合宪性解释的方法论构造"，载《法学研究》2020 年第 6 期。

68. 李洙德："定型化劳动契约之研究"，中国文化大学中山学术研究所 2001 年博士学位论文。

69. 刘正赫："竞业限制前沿观察：从数据看趋势"，载《法人》2022 年第 5 期。

70. 娄宇："新就业形态人员的身份认定与劳动权益保障制度建设——基于比较法的研究"，载《中国法律评论》2021 年第 4 期。

71. 陆幸福："人工智能时代的主体性之忧：法理学如何回应"，载《比较法研究》2022 年第 1 期。

72. 马辉："格式条款信息规制论"，载《法学家》2014 年第 4 期。

73. 彭錞："再论中国法上的隐私权及其与个人信息权益之关系"，载《中国法律评论》2023年第1期。

74. 秦国荣："服务期协议：概念、本质及其法律效力分析"，载《法律科学（西北政法大学学报）》2009年第1期。

75. 秦国荣："约定竞业限制的性质判定与效力分析"，载《法商研究》2015年第6期。

76. 沈建峰："论用人单位劳动规章的制定模式与效力控制"，载《经济法学（劳动法学）》2016年第7期。

77. 沈建峰："论用人单位指示权及其私法构造"，载《环球法律评论》2021年第2期。

78. 沈建峰："劳动法作为特别私法 《民法典》制定背景下的劳动法定位"，载《中外法学》2017年第6期。

79. 沈建峰、姜颖："劳动争议仲裁的存在基础、定性与裁审关系"，载《法学》2019年第4期。

80. 单海玲："雇员离职后的竞业禁止"，载《法学研究》2007年第3期。

81. 苏号朋："论格式条款订入合同的规则——兼评中国《合同法》第39条之不足"，载沈四宝主编：《国际商法论丛》（第2卷），法律出版社2000年版。

82. 佟柔主编：《中国民法》，法律出版社1990年版。

83. 田野："职场智能监控下的劳动者个人信息保护——以目的原则为中心"，载《中国法学》2022年第3期。

84. 田野："劳动者辞职权的合理边界——以制度制衡为中心"，载《中南大学学报（社会科学版）》2018年第1期。

85. 万方："算法告知义务在知情权体系中的适用"，载《政法论坛》2021年第6期。

86. 王洪亮："违约金功能定位的反思"，载《法律科学（西北政法大学学报）》2014年第2期。

87. 王洪亮：《债法总论》，北京大学出版社2016年版。

88. 王吉中："公序良俗条款的适用方法——以法内评价的规则续造为核心"，载《甘肃政法大学学报》2021年第1期。

89. 王利明："对《合同法》格式条款规定的评析"，载《政法论坛》1999 年第 6 期。

90. 王利明：《合同法研究》（第一卷）（第三版），中国人民大学出版社 2015 年版。

91. 王利明："论个人信息权在人格权法中的地位"，载《苏州大学学报（哲学社会科学版）》2012 年第 6 期。

92. 王天玉："工作时间基准的体系构造及立法完善"，载《法律科学（西北政法大学学报）》2016 年第 1 期。

93. 王天玉："平台用工的'劳动三分法'治理模式"，载《中国法学》2023 年第 2 期。

94. 王倩："作为劳动基准的个人信息保护"，载《中外法学》2022 年第 1 期。

95. 王倩："论我国特殊工时制的改造：在弹性与保障之间"，载《法学评论》2021 年第 6 期。

96. 王倩："我国过错解雇制度的不足及其改进——兼论《劳动合同法》第 39 条的修改"，载《华东政法大学学报》2017 年第 4 期。

97. 王倩、朱军：《德国联邦劳动法院典型判例研究》，法律出版社 2015 年版。

98. 王俊英、宋新潮："论用人单位劳动规章的法律效力"，载《河北法学》2003 年第 5 期。

99. 王剑一："合同条款控制的正当性基础与适用范围——欧洲与德国的模式及其借鉴意义"，载《比较法研究》2014 年第 1 期。

100. 问清泓："《劳动合同法》服务期制度之改进"，载《中国人力资源开发》2008 年第 8 期。

101. 成曼丽、王全兴："服务期的法律定性和法律后果"，载《中国劳动》2006 年第 2 期。

102. 王全兴：《劳动法》（第四版），法律出版社 2017 年版。

103. 王全兴：《劳动合同法条文精解》，中国法制出版社 2007 年版。

104. 王天凡："格式条款的定义及使用人义务"，载朱庆育主编：《中国民法典评注：条文选注》（第 2 册），中国民主法制出版社 2021 年版。

105. 王天玉："劳动法规制灵活化的法律技术"，载《法学》2017 年第 10 期。

106. 吴文芳："劳动者个人信息处理中同意的适用与限制"，载《中国法学》

2022 年第 1 期。

107. 解亘："格式条款内容规制的规范体系"，载《法学研究》2013 年第 2 期。

108. 苏号朋："定式合同研究——以消费者权益保护为中心"，载《比较法研究》1998 年第 2 期。

109. 沈同仙："试论程序瑕疵用人单位规章制度的效力判定"，载《政治与法律》2012 年第 12 期。

110. 谢鸿飞：《合同法学的新发展》，中国社会科学出版社 2014 年版。

111. 谢潇："公序良俗与私法自治：原则冲突与位阶的妥当性安置"，载《法制与社会发展》2015 年第 6 期。

112. 谢增毅："公司高管的劳动者身份判定及其法律规则"，载《法学》2016 年第 7 期。

113. 谢增毅："我国劳动关系法律调整模式的转变"，载《中国社会科学》2017 年第 2 期。

114. 谢增毅："用人单位惩戒权的法理基础与法律规制"，载《比较法研究》2016 年第 1 期。

115. 谢增毅："劳动者个人信息保护的法律价值、基本原则及立法路径"，载《比较法研究》2021 年第 3 期。

116. 谢增毅："职代会的定位与功能重塑"，载《法学研究》2013 年第 3 期。

117. 信春鹰、阚珂主编：《中华人民共和国劳动合同法释义》（第 2 版），法律出版社 2013 年版。

118. 许德风："道德与合同之间的信义义务——基于法教义学与社科法学的观察"，载《中国法律评论》2021 年第 5 期。

119. 徐化耿："信义义务的一般理论及其在中国法上的展开"，载《中外法学》2020 年第 6 期。

120. 徐涤宇："非常态缔约规则：现行法检讨与民法典回应"，载《法商研究》2019 年第 3 期。

121. 许建宇："论服务期的认定"，载《中国劳动》2014 年第 6 期。

122. 阎天：《知向谁边——法律与政策之间的劳动关系》，中国民主法制出版社 2022 年版。

123. 杨德敏："公司高管劳动法适用问题探究"，载《社会科学》2018 年第 9 期。

124. 杨代雄：《法律行为论》，北京大学出版社 2021 年版。

125. 杨代雄："意思表示解释的原则"，载《法学》2020 年第 7 期。

126. 姚明斌："《合同法》第 113 条第 1 款（违约损害的赔偿范围）评注"，载《法学家》2020 年第 3 期。

127. 姚明斌："违约金双重功能论"，载《清华法学》2016 年第 5 期。

128. 于飞："《民法典》公序良俗概括条款司法适用的谦抑性"，载《中国法律评论》2022 年第 4 期。

129. 叶小兰："论我国劳动者分层保护的疏失与完善"，载《江苏社会科学》2020 年第 6 期。

130. 臧云霄："浅谈竞业禁止条款的效力及纠纷的管辖"，载《中国劳动》2003 年第 12 期。

131. 曾竞："劳动者违反竞业限制义务的认定与责任竞合问题研究"，载《法律适用》2020 年第 4 期。

132. 赵红梅："论我国工时制度的缺陷、价值功能及其完善"，载《环球法律评论》2020 年第 1 期。

133. 赵廉慧："论信义义务的法律性质"，载《北大法律评论》2020 年第 1 期。

134. 章程："从基本权理论看法律行为之阻却生效要件——一个跨法域释义学的尝试"，载《法学研究》2019 年第 2 期。

135. 翟冬："法秩序统一原理下公序良俗条款的司法适用"，载《华中科技大学学报（社会科学版）》2022 年第 5 期。

136. 张兰兰："作为权衡方法的比例原则"，载《法制与社会发展》2022 年第 3 期。

137. 张妮、王全兴："离职竞业限制协议的效力问题探讨——兼论商业秘密法律保护手段选择"，载《法学杂志》2011 年第 10 期。

138. 张甜甜："股权激励作为竞业限制经济补偿之辩驳"，载《武汉交通职业学院学报》2022 年第 3 期。

139. 张翔："宪法人格尊严的类型化——以民法人格权、个人信息保护为素材"，载《中国法律评论》2023 年第 1 期。

140. 张新宝："从隐私到个人信息：利益再衡量的理论与制度安排"，载《中国法学》2015 年第 3 期。

141. 郑爱青："从英法劳动法判例看劳动法上的忠实义务与竞业限制条款——对我国《劳动合同法》规范竞业限制行为的思考和建议"，载《法学家》2006 年第 2 期。

142. 郑尚元：《劳动合同法的制度与理念》，中国政法大学出版社 2008 年版。

143. 郑尚元、王艺非："用人单位劳动规章制度形成理性及法制重构"，载《现代法学》2013 年第 6 期。

144. 郑晓剑："比例原则在民法上的适用及展开"，载《中国法学》2016 年第 2 期。

145. 郑晓珊："劳动合同法之法律性质与体系归属——兼谈《劳动合同法》与《民法典》之协调、互动"，载《清华法学》2022 年第 3 期。

146. 周汉华："平行还是交叉 个人信息保护与隐私权的关系"，载《中外法学》2021 年第 5 期。

147. 周宏峰："未给予经济补偿的竞业限制约定是否有效"，载《中国社会保障》2007 年第 11 期。

148. 朱广新：《合同法总则》（第二版），中国人民大学出版社 2012 年版。

149. 朱忠虎、严非："法院可以而且应当审查用人单位规章制度的合理性——与陈伟忠同志商榷"，载《中国劳动》2013 年第 1 期。

150. 朱军："论我国劳动规章制度的法律性质——'性质二分说'的提出与证成"，载《清华法学》2017 年第 3 期。

151. 朱军："未约定经济补偿对离职竞业禁止协议效力的影响——基于离职竞业禁止案例的整理与研究"，载《华东政法大学学报》2012 年第 1 期。

152. 朱军："修法背景下《劳动合同法》第 39 条的完善"，载《法学》2017 年第 9 期。

153. 朱全龙："论人工智能背景下隐私权保护的困境与纾解路径——以'圆形监狱'理论为视角"，载《〈上海法学研究〉集刊》（2019 年第 9 卷，总第 9 卷）。

154. 朱庆育：《民法总论》（第二版），北京大学出版社 2016 年版。

155. 朱岩："格式条款的基本特征"，载《法学杂志》2005 年第 6 期。

156. 最高人民法院民事审判第一庭编著：《最高人民法院劳动争议司法解释（四）理解与适用》，人民法院出版社 2015 年版。

二、中文译著

1. ［德］迪特尔·梅迪库斯：《德国民法总论》，邵建东译，法律出版社 2000 年版。

2. ［德］卡尔·拉伦茨：《法学方法论》（全本·第六版），黄家镇译，商务印书馆 2020 年版。

3. ［德］卡尔·拉伦茨：《正确法：法伦理学基础》，雷磊译，法律出版社 2022 年版。

4. ［德］雷蒙德·瓦尔特曼：《德国劳动法》，沈建峰译，法律出版社 2014 年版。

5. ［德］托马斯·M. J. 默勒斯：《法学方法论》（第 4 版），杜志浩译，北京大学出版社 2022 年版。

6. ［德］维尔纳·弗卢梅：《法律行为论》，迟颖译，法律出版社 2013 年版。

7. ［德］沃尔夫冈·多伊普勒：《德国劳动法》（第 11 版），王倩译，上海人民出版社 2016 年版。

8. ［美］麦克尼尔：《新社会契约论》，雷喜宁、潘勤译，中国政法大学出版社 2004 年版。

9. ［英］霍布斯：《利维坦》，黎思复、黎廷弼译，商务印书馆 1985 年版。

10. ［英］史蒂芬·哈迪：《英国劳动法与劳资关系》，陈融译，商务印书馆 2012 年版。

三、外文文献

1. Bauer/Diller：Wettbewerbsverbote, C. H. Beck Verlag 2019.

2. Brox /Walker, Schuldrecht AT, C. H. Beck Verlag 2023.

3. Bydlinski, Juristische Methodenlehre und Rechtsbegriff, Verlag C. H. Beck 1991.

4. Däubler, Arbeitsrecht in China-eine Momentaufnahme.

5. Däubler/Bonin/Deinert: AGB-Kontrolle im Arbeitsrecht, C. H. Beck 2014.

6. Fastrich, Richterliche Inhaltskontrolle im Privatrecht, München 2001.

7. Hein Kötz, Der Schutzzweck der AGB-Kontrolle——Eine rechtsökonomische Skizze, JuS 43 (2003).

8. Ian Ayres and Robert Gertner, "Filling Gaps in Incomplete Contracts: An Economic Theory of Default Rules", 99 *The Yale Law Journal* 87 (1989), pp. 87-130.

9. U. Klug, Juristische Logik, Springer 1982.

10. Sudabeh Kamanabrou, AGB-Kontrolle und gesetzlich angeordnete geltungserhaltende Reduktion, ZfA 2018.

11. Jens Koch, Das nachvertragliche Wettbewerbsverbot im einseitig vorformulierten Arbeitsvertrag, RdA 2006.

12. Karl Larenz, Allgemeiner Teil des Bürgerlichen Rechts: Ein Lehrbuch, Verlag C. H. Beck 2004.

13. Karl Larenz, Schuldrecht Allgemeiner Teil, Band I, Verlag C. H. Beck 2004.

14. Laura Clérico/Jan-Reinard Sieckmann Grundrechts, Prinzipien und Argumentation, Nomos 2009.

15. Laskawy: Die Tücken des nachvertraglichen Wettbewerbsverbots in Arbeitsrecht, NZA 2012.

16. Thomas Lakies, Inhaltskontrolle von Arbeitsverträgen, Bund-Verlag 2014.

17. Matthew T. Bodie, "Employment as Fiduciary Relationship", 105 *Georgetown Law Journal* 819 (2017), pp. 819-870.

18. Sebastian A. E. Martens, Methodenlehre des Unionsrechts, Mohr Siebeck 2013.

19. Martin Franzen, Persönlichkeitsrecht und Datenschutz im Arbeitsverhältnis, ZFA 2019, 18.

20. Tim Wybitul, Wie viel Arbeitnehmerdatenschutz ist "erforderlich"? BB 2010, 1085.

21. Ingrid Schmidt/Rudi Müller-Glöge/Ulrich Preis/Inken Gallner: Erfurter Kommentar zum Arbeitsrecht, Verlag C. H. Beck 2023.

22. Neil Richards and Woodrow Hartzog, "The Pathologies of Digital Consent", 96

Washington University Law Review 6 （2019）, pp. 1461-1502.

23. Nienhaus, Politische Ökonomie der Deregulierung, Springer 1990.

24. Preis, Der langsame Tod der Freiwilligkeitsvorbehalte und die Grenzen betrieblicher Übung, NZA 2009.

25. Robert Alexy, Die Gewichtsformel, in: Gedächtnisschrift für Jürgen Sonnenschein, Berlin 2003.

26. Säcker/Rixecker/Oetker, Münchener Kommentar zum Bürgerlichen Gesetzbuch, C. H. Beck Verlag 2022.

27. Schnapp, Grundrechte als Wertordnung, JZ 1998.

28. Stoffels, AGB-Recht, Verlag C. H. Beck 2021.

29. Stoffels, Schranken der Inhaltskontrolle, JZ 2001.

30. Stephen G. Gilles, "Negligence, Strict Liability, and the Cheapest Cost-Avoider", 78 *Virginia Law Review* （1992）, pp. 1291-1375.

31. Steven L. Willborn, "Notice, Consent, and Nonconsent: Employee Privacy in the Restatement Symposium: Assessing the Restatement of Employment Law: Essay", 100 *Cornell Law Review* 6 （2015）, pp. 1423-1452.